LETTRES SUR VICHY.

Cusset, typographie Th. VILLARD.

LETTRES SUR VICHY

ET SES ENVIRONS

Par Mme la Comtesse Anna DE LOISY,

Recueillies par S. ENDURAN.

VICHY,
JULES CÉSAR, LIBRAIRE-ÉDITEUR,
RUE MONTARET, 1.

1854.

1.

Vichy, 15 juin.

J'avais entendu parler de Vichy par madame la comtesse de Pauilhac avec un enthousiasme que son caractère positif ne saurait rendre suspect. D'accord avec le docteur, je fus atteinte d'un mal dont le nom baroque m'échappe, mais qui exige un long séjour aux thermes du Bourbonnais. Les plaisirs de la villegiatura, je les expierai en buvant chaque jour trois verres d'eau de la fontaine Rosalie, eau tiède, alcaline que je me promets bien de fêter le moins possible. Alfred a eu le courage, de plus vaniteuses diraient la faiblesse de m'accompagner.

Nous quittâmes Paris le 20 mai, à onze heures du soir. Qu'est devenu le temps où madame de Sévigné mettait douze jours pour arriver à Vichy par des routes impraticables, à travers des sites encore à demi sauvages, ballottée dans l'ignoble patache bourbonnaise qu'on ne trouve plus guère aujourd'hui qu'aux confins de la Creuse ou du pays Marchois ? Le 21 mai, à quatre heures du soir, nous touchions au terme de notre voyage et nous avions vu, après la luxuriante végétation du Loiret, la Sologne triste, inféconde, où tout est rabougri, les arbres et les hommes, espèce de désert que semble avoir frappé la main de Dieu, et qui demeure rebelle à tous les efforts de l'humanité. Puis avait succédé le Berry avec ses prairies immenses, ses verdoyants côteaux, ses pampres vigoureux, le Bourbonnais, pays peu accidenté, excepté, dit-on, du côté de la Loire. Nous avions admiré deux grandes villes, Orléans et Moulins et deviné Bourges aux flèches de ses églises, perdues dans un rideau de verdure.

Tout cela en moins de vingt-quatre heures.

On laisse, à Varennes, le chemin de fer que des travaux actifs conduiront bientôt à Vichy et l'on s'engage dans une contrée dont les riches côteaux semblent un verger éternel. La route, abritée à gauche par ces collines qui lui envoient de temps à autre leurs émanations parfumées, domine sur la droite l'Allier et ses îlots fertiles. Nous traversons Créchy, Billy, souvenir féodal dont les murs s'élèvent encore noirs de vieillesse et enlacés de lichen. Un donjon lézardé se dresse comme un spectre audessus du vallon et regarde d'un œil d'envie le village de Saint-Germain que l'industrie a tiré de son obscurité et que des constructions nouvelles assiégent de toutes parts. La voie ferrée forme, à Saint-Germain, deux embranchements l'un sur Clermont, l'autre sur Roanne. Ce sera sans doute un entrepôt de quelque importance, et le bourg sent déjà son paysan parvenu. Nous saluons à droite le château de Charmont qui ne nous a paru qu'une jolie villa ; le conducteur nous nomme Cusset dont nous apercevons les promenades ombreuses et, cinq minutes après, nous arrivons à Vichy.

Je ne sais pourquoi l'on ne peut aller aux eaux sans rêver de glaciers éternels, de torrents encaissés, de pittoresques cascatelles. Les Alpes, la Suisse et le Rhin défrayaient mon imagination riche de souvenirs. Au lieu de cela c'est une plaine charmante, des routes Césariennes, des rues larges, aérées, des hôtels tout souriants de jeunesse et de luxe, des magasins splendides, de la joie partout, au ciel et sur la terre, dans le soleil qui rayonne, dans la fleur qui coquette sollicite nos mains. J'ai vu cela à vol d'oiseau et notre chaise de poste nous arrête hôtel Guillermen, vaste palais d'où le parc se déroule majestueux et sombre et qui semble tendre la main à l'établissement thermal. Fatiguée de mon enthousiasme et de mon voyage, je me suis hâtée de monter dans les appartements qu'avait retenus Alfred et que nous habiterons jusqu'au 15 septembre.

Mais vraiment je crains d'avoir changé la rue Saint-Honoré pour le boulevard des Italiens. Car voici des voitures par centaines qui s'en vont à pas lents, conduites par des automédons silencieux, calèches de louage dont les ressorts assouplis semblent sortir des ateliers d'un carrossier-médecin. Oh! les ânes de Montmorency qui ont émigré avec nous. Alfred, nous ferons des promenades à âne dans les sentiers du Bourbonnais. Comme ils sont élégants et polis! ne dirait-on pas qu'ils tendent leurs croupes dociles aux caprices des passants? Anes et voitures s'en vont ainsi tous à la file avec quelques chevaux de main. Il n'est pas besoin de se déranger, comme je m'en suis aperçue depuis; ils viennent après le déjeûner et après le dîner vous offrir régulièrement leurs services. Rien n'est plus commode. Je me suis arrachée à ce petit panorama; Alfred me tourmente pour aller dîner; ma toilette réclame quelques instants encore et nous entrons enfin dans la salle à manger de l'hôtel. Nous avions eu d'abord l'idée de nous faire servir chez nous; mais mon mari qui n'est pas malade voit dans la table d'hôte une source intarissable de joyeusetés et moi, ma chère tante, qui le suis si peu, je cède sans violence.

Le repas est monotone; arrivés d'aujourd'hui, peut-être n'avons-nous pas encore la confiance des convives, puis le dîner ne me paraît pas être une affaire, mais une simple nécessité. Il y a autour de la table quelques figures maladives, et leur mélancolie déteint un peu sur le reste de la société. Le service se fait parfaitement et les conversations s'engagent au moment de quitter la table. Pour nous, las d'une nuit sans sommeil, d'un voyage qui, quoique commode et rapide, ne laisse pas d'être un voyage ; nous regagnons nos lits après deux tours de promenade au jardin. Que Dieu vous protége et nous garde votre amour !

Anna de Loisy.

II.

Madame de Loisy à sa tante.

Vichy, 20 juin.

Comme l'année dernière, ma bonne tante, je vous adresserai mon journal d'été et j'espère que votre curiosité y trouvera son compte comme notre affection. Je me suis éveillée ce matin, dites à quelle heure et dites-le sans épigramme, si vous le pouvez, méchante.... je me suis éveillée, c'est à ne pas y croire.... il était cinq heures à peine. J'ai ouvert mes croisées moi-même; car Césarine qui outre tous mes défauts, avait encore quatre grandes heures à dormir. Je n'ai pu m'empêcher de me féliciter tout d'abord de cette importante victoire. Hélas ! court a été mon triomphe. Le soleil est entré brusquement chez moi, les oiseaux gazouillaient d'un air moqueur, la brise m'apportait déjà tous les parfums qu'elle avait butinés et dans le parc j'ai vu passer et repasser, un verre d'une main et un livre de l'autre, de nombreux buveurs plus diligents que votre orgueilleuse nièce. Je me suis hâtée de descendre et j'ai surpris Vichy dans son déshabillé.

Alors encore le monde n'a pas revendiqué tous ses droits et l'ennui plissé tous les fronts. C'est peut être du jour le seul moment où l'on pense à soi-même, où l'on daigne se rappeler ce qu'on vient faire à Vichy. Car, disons-le, à part ceux que la maladie malmène, on oublie facilement le but de son voyage. Le matin, sous l'impression de l'air, l'âme se réveille et, se repliant un peu sur elle-même, songe à cette grave affaire de la vie, la plus grave de toutes, la santé. Aussi faut-il voir comme l'on s'achemine, qui au puits Chomel, qui aux Célestins, qui à la fontaine Lardy, tandis que la grande masse des buveurs prend la fontaine de l'Hôpital pour terme de ses pélérinages. C'est maintenant le règne des médecins. Strauss passerait, et c'est beaucoup dire, avec tout son cortége de folles danses et de joyeux concerts, qu'à grande peine obtiendrait-il quelque attention. De par la médecine il faut boire et l'on boit certes avec une conscience audessus de tout éloge. Le matin n'étale pas le luxe des toilettes du soir; les soieries et les diamants, les dentelles et les velours brillent par leur absence. Une élégante simplicité règne partout.... mais, hélas ! que j'ai peur, ma tante, qu'une immense coquetterie se cache derrière elle ! Ceci soit dit entre nous ; car je ne sais pour combien je ne voudrais pas être prise en flagrant délit de médisance.

Donc on se coudoie, on se presse, on se sourit, on se salue, on s'interroge, on s'apitoie et Dieu seul sait toutes les doléances qui s'échangent entre cinq et neuf heures du matin. Quel mouvement sur la place *Rosalie*, au tour de cette vasque immense où l'on voit l'eau sourdre et bouillonner sous un large pavillon de fonte !

Comme cette nymphe de cinquante ans se trémousse et s'agite pour suffire à toutes les exigences ! Que de frais éclats de rire ! Quelle affluence autour des étalagistes dont chacun déroule avec un anxieux orgueil ses gracieuses tentations ! Ici une galerie de tableaux appendus aux murs de l'hospice rappelle à chaque pas l'école hollandaise et l'école flamande, là une étagère de verroteries ou de chinoiseries magnifiques, sollicite la curiosité et vous envoie ses parfums orientaux, plus loin la coutellerie arrêtera nos pas, mille petits chefs-d'œuvre de paille, chapeaux à balancelle, corbeilles charmantes, caprices de tous les goûts et de toutes les formes s'offrent à vos regards, et les marchands, amoureux des beaux yeux de votre cassette, lui font une cour si assidue que vous retournez à l'hôtel les poches vides, mais les mains chargées d'une foule de brimborions auxquels une heure après vous ne songerez plus.

En errant dans ce vaste bazar j'arrivai à la chapelle de l'hôpital, édifice d'extérieur simple, mais d'assez bon goût, tout fraîchement restauré et devenu le rendez-vous de la fashion des émigrants. L'intérieur n'a rien de la grandeur catholique. Il y a plus de luxe et de bariolage que de sévérité religieuse. N'est-ce pas le vice de l'art moderne ? Pour moi je n'ai jamais pu croire que le Dieu de Notre-Dame-de-Lorette et de la Madeleine fut celui de nos vieilles cathédrales. L'idée a été sacrifiée au bien être.

Tout le monde ne s'arrêtait pas à la fontaine Rosalie. Séduite par ce temps si frais et si pur je suivis au hazard quelques personnes dont la marche difficile trahissait les douleurs de la goutte et des rhumatismes. J'atteignis ainsi les bords de la rivière et j'entrais dans une jolie chaussée, plantée d'arbres et défendue par un magnifique glacis, lorsque j'entendis une voix grêle s'écrier derrière moi :

— Mais je ne me trompe pas ; c'est bien madame la vicomtesse de Loisy ?

Je ne sais si vous comprendrez mon émotion en entendant mon nom prononcé à cent lieues de Paris au moment où j'y songeais le moins. Il me sembla qu'une étincelle électrique venait de me frapper, je me retournai tout d'une pièce et je reconnus qui ?... M. de Salles en chair et en os avec le ventre que vous savez et son éternel balancement.

— Ah ! madame, s'écria-t-il, quelle perfidie !

— Mais, monsieur, lui dis-je en souriant, quel est le plus coupable ?

— Vous, sans contredit, madame ; car mon absence était sans intérêt et la vôtre a dû amener bien des mécomptes.

— Mais il y a bien longtemps que je ne vous ai vu, monsieur; qu'êtes-vous devenu depuis un grand mois?

— Depuis un grand mois je suis à Vichy, espérant que l'Esculape de ces lieux sera plus puissant que tous les bourreaux attachés à mes côtés par mes implacables douleurs. Je crois avoir réussi... mais je vous entretiens de moi, madame la vicomtesse, sans m'informer du motif qui vous a conduite parmi nous.

— Des spasmes nerveux m'ont décidée à venir passer ici une saison avec Alfred.

— Ah! monsieur de Loisy vous accompagne, Dieu soit béni! je vous piloterai, je serai votre cicérone, j'en ai tant appris depuis un mois, je sais mon Vichy par cœur, histoire ancienne et moderne.

— Vraiment vous nous rendrez un grand service, et tout d'abord je vous demanderai quelles sont ces énormes poutres que j'aperçois à fleur d'eau?

— Ce sont, madame, les piles de l'ancien pont. Vichy remonte très haut dans l'antiquité; il était connu des Romains et César, revenant du siége de Gergovie, en Auvergne, y passa le fleuve.

— Est-ce que César était goutteux, M. de Salles?

— Madame, c'est un fait que je n'ai pas eu le temps d'éclaircir; vous comprenez qu'en un mois...

— Mais pensez-vous que ses poteaux soient venus jusqu'à nous?

— Non, madame; le pont a été détruit et rétabli

plusieurs fois ; Vichy situé, comme vous voyez, aux bords de la rivière et de plus aux limites du Bourbonnais et de l'Auvergne fût dans le temps de nos malheureuses guerres un point très-important pour tous les partis... mais je crains de vous fatiguer d'une érudition pédantesque.

— Ah! vous n'êtes pas galant; c'est-à-dire que vous ne me supposez pas capable de vous entendre ; eh bien! monsieur, pour vous faire expier cette mause opinion, je vous requiers de me faire l'histoire de Vichy depuis vingt ans avant le commencement du monde.

— Certes, madame, je suis à vos ordres; donc, vingt ans avant la création Vichy n'existait pas, et il faut arriver aux Romains pour en surprendre quelques indices. Les commentaires de César semblent le désigner ainsi que les cartes théodosiennes sous le nom de *Vicus Calidus*... Madame la vicomtesse ne connaît pas le latin?

— Mais à coup sûr vous savez le français...

— Aussi vous dirai-je, madame, que *Vicus Calidus* signifie bourg chaud.

— Comment? bourg chaud...

— Oui, village d'eau chaude, *vicus calidus* dont on fait Vichy par corruption.

— Mais c'est admirable ; vous êtes, ce me semble, un philologue distingué et l'Institut perd beaucoup à ne pas vous avoir.

— Vous vous moquez, madame; mais j'ai découvert autre chose. Vichy peut aussi venir de la langue druidique *Wich* vertu et *y* eau. Nous ne discuterons pas plus longtemps sur la vérité de l'une ou de l'autre de ces origines; toujours est-il que même du temps des Romains Vichy a eu quelque importance; il n'occupait pas son emplacement actuel et paraît s'être étendu derrière l'Etablissement thermal jusqu'à un charmant ruisseau que vous aurez occasion de voir et qu'on nmme le Sichon. Ces présomptions sont parfaitement justifiées par des tuiles à rebords, fabrication toute romaine, par une piscine découverte en 1837 et qui révèle un établissement balnéatoire, par des tronçons de colonnes, des statuettes, des amphores et mille objets curieux que nous pourrons voir lorsque vous le désirerez au Musée. Vichy a un Musée, chez M. Chauvet, homme aussi modeste que savant, aussi savant que laborieux.

— Et pendant la conquête?

— Nous perdons Vichy pendant la conquête. A des contrées comme celle-ci il faut la paix pour fleurir et cette avalanche de barbares qui passaient et repassaient sans cesse n'amenait avec elle que d'horribles dévastations. Nous arrivons au deuxième siècle avant d'avoir rien de précis. Alors Vichy est compris dans l'organisation féodale. Une noble famille porte son nom, c'est une des dix-sept châtellenies du Bourbonnais que le sire Archambault enferma dans ses domaines.

Je n'entrerai pas, madame la vicomtesse, dans l'histoire de ses vicissitudes pendant la guerre du bien public et la lutte des protestants. Charles VII, revenant d'Auvergne, le traverse pour aller à Cusset où se termine la praguerie et lui impose les conditions les plus dures. Le 4 janvier 1568 les troupes des princes confédérés qui allaient rejoindre Condé à Chartres passent à Vichy où ils auraient séjourné sans doute s'ils n'eussent appris que les catholiques étaient campés à trois lieues de là dans les plaines de Cognat. Pleins de fureur, ils franchissent le pont et, par une résolution extrême, Poncenac, un des chefs, ne voulant laisser aucun espoir aux lâches, le fit rompre derrière l'armée. Vous savez, madame, l'issue de cette bataille fratricide qui se livra le jour de l'Epiphanie. Les catholiques portèrent la dévastation dans la Limagne et les protestants n'eurent qu'un fantôme de victoire. Poncenac y trouva une mort obscure.

En 1576 le pont est rétabli ; le prince palatin vient encore assiéger cette petite ville, l'emporte d'assaut et s'y retranche, car l'armée royale approchait. Puis saisi de terreur, il passe l'Allier et transporte en Auvergne toutes les horreurs de la guerre civile.

En 1589 Chazeron, successeur du duc de Nemours au gouvernement du Bourbonnais, enlève Vichy aux protestants. En 1590 le grand prieur de

France le revendique en s'appuyant sur un legs testamentaire de Catherine de Médicis ; l'arrivée du marquis de Saint-Sorlin le met en fuite, il ne reparaît pas.

Vous dire, madame, toutes les vexations que les malheureux habitants eurent à supporter pendant ces guerres funestes n'est pas en mon pouvoir. Il est facile de les deviner lorsqu'on songe à la haine des partis, au délire qu'entraînent après elles les luttes religieuses.

Je vous ferai remarquer, madame, que ce pont s'appuyait sur une des portes de la ville défendue par deux tourelles que le temps a jetées à terre. La voici presque dans son entier.

Enchantée de la leçon d'histoire et d'archéologie du comte de Salles, je ne pus m'empêcher de lui demander quelques détails sur une énorme tour, dominant la ville, où flotte le drapeau tricolore et sur laquelle on a hissé l'horloge.

— C'est une vigie, me répondit-il, elle servait aux observations. La ville, comme j'ai eu l'honneur de vous le dire, était parfaitement fortifiée. Elle avait trois portes flanquées de tours. La dernière, la porte de France, était encore debout il y a quelques années. Le marteau des industriels, cette bande noire plus impitoyable que l'autre, en a fait disparaître jusqu'au moindre vestige. Voici le couvent des Célestins.

En effet, sur un magnifique piédestal de granit se dressait un vieux pan de muraille lézardée et percée çà et là de rares meurtrières. C'est un imposant spectacle que cette ruine qui semble braver et le temps et les flots. De ce rocher jaillit la fontaine des Célestins qui donne des ailes aux paralytiques et aux goutteux. Cet établissement est complété par une salle de billard, une salle de jeu, un petit salon de lecture et et un tir au pistolet. Un parterre de maigre apparence s'avance jusqu'à l'Allier; mais la nature qui fait grandement les choses a placé tout auprès une vaste prairie et de fraîches oseraies dont les ombrages invitent les timides promeneurs.

Malgré moi mes yeux se reportaient sans cesse sur les vénérables ruines, et le comte de Salles, qui brûlait de conter, devança mes questions.

—Ce monastère, me dit-il, date de 1410 et fut fondé par Louis XI de Bourbon que l'affection de ses peuples surnomma le Bon Duc. Il n'est sorte de bienfaits et de priviléges dont il n'ait été comblé soit par les comtes d'Auvergne, soit par les ducs de Bourbon. D'illustres familles payèrent de riches dotations l'honneur d'y être inhumées; on cite parmi elles, les Bourbons-Carency, Catherine de Chouviguy, dame de Châtel-Montagne, Guillaume Cadier, un comte de Lafayette, Claude Desaix et sa femme. Le tombeau de ces derniers, assure Coiffier des Morets, était d'un magnifique travail. Le chevalier y était représenté tout armé avec un lion, symbole de sa valeur, et sa femme avec un chien, signe non équivoque de fidélité. Cette prospérité fut plus d'une fois une source de désolation. Plus d'une fois les cloîtres des Célestins entendirent aux chants sacrés des moines succéder les damnables refrains de quelque baron pillard; car il y avait assez de richesses dans ses coffres, et dans ses caves assez de vin, pour triompher de la conscience d'un homme d'armes. Du reste ses défenseurs lui fesaient payer leur protection presque aussi cher que les assiégeants; il me souvient d'avoir lu, dans une brochure du docteur Noyer, qu'un certain capitaine Beauregard y fit joyeuse lie et qu'un boulet de canon vint irréligieusement tomber dans le sanctuaire pendant le saint sacrifice.

C'est qu'en vérité ils en étaient venus à ne payer ni taille, ni gabelle. Ils avaient droit à trois setiers de sel au grenier de Vichy. Charles VI, de douloureuse mémoire, les avait affranchis de l'impôt sur les vins et du logement des troupes, et Louis XIV exempta du péage du pont tous ceux qui moudraient leurs grains au moulin du Sichon, leur propriété.

Comme tous les établissements de ce genre, madame, ils avaient le droit d'asile. Ce fut, hélas! la cause de leur ruine. Un capitaine, dont le nom m'échappe, ayant commis contre la discipline une infraction capitale, se déroba sous le froc au châtiment qui l'attendait; il devint abbé des Célestins et Louis XV ne pût l'atteindre qu'en supprimant l'abbaye. C'était en 1774; elle avait duré trois cent soixante-quatre ans. L'évêque de Clermont, dont elle relevait, s'empara de toutes ses richesses en faisant à chaque religieux une rente viagère de 1,800 francs. Les vieillards de Vichy se rappellent parfaitement le dernier d'entre eux mort en 1802. Je vous demanderai, madame la vicomtesse, la permission de boire un verre d'eau.

— A votre aise, monsieur, vous en avez besoin à plus d'un titre et je suis confuse de fatiguer ainsi un malade.

— Oh! ce m'est, au contraire, un bien doux plaisir et si vous voulez me croire nous regagnerons, par une autre route, la place de l'Hôpital. Nous aurons à traverser la ville et que d'observations à faire encore !

Comme vous le pensez, ma bonne tante, j'acceptai avec empressement. M. de Salles but ses verres d'eau et nous prîmes sur la droite un sentier facile qui nous conduisit sur un vaste plateau.

— Encore une fontaine, m'écriai-je; car je venais d'apercevoir les allées et les venues de la foule et sous une rotonde abritée par le chaume plusieurs malades assis.

— Oh! partout où frappe la sonde, il jaillit ici de l'eau minérale; nous avons le grand puits Carré, le puits Chomel, la grande Grille, l'Hôpital, les Acacias, la source Lucas, la fontaine Brosson, les Célestins et le puits Lardy que vous voyez, madame, et je ne compte pas Hauterive et Cusset qui en fournissent autant, parce que vous serez sans doute un jour désireuse de les visiter vous-même. Le puits Lardy est de forage récent ; il donne une eau abondante, ferrugineuse et douée de grandes vertus. Aussi doutai-je beaucoup qu'on l'abandonne longtemps aux exploitations particulières. Elle sera infailliblement achetée par les fermiers qui éviteront ainsi une redoutable concurrence.

— Mais, autant que je puis en juger par ces plantations, les propriétaires seraient peu disposés à la céder.

— Ils n'ont rien oublié pour en rendre les avenues agréables. Ici était autrefois le jardin du couvent ; les murs sont encore debout du côté du nord ; le potager fera place à un véritable jardin anglais. *Sic transit gloria mundi*.

— Savez-vous, monsieur, que vous êtes devenu d'une jolie force dans les langues mortes ?

— Ah ! mille pardon, madame ; mais je suis capable de vous en donner le sens. Ainsi, ai-je voulu dire, passe la gloire du monde.

— Vous n'êtes pas heureux dans vos citations ; il me semble qu'un jardin anglais vaut bien un potager.

— Il y a beaucoup à dire pour et bien des preuves à produire contre.

— Je vous en fais grâce, comte, car je suppose que nous entrons dans la ville.

— C'est le quartier désigné sous le nom de Château Franc. Vichy en comptait encore trois : le Moustier, remplacé par les bains, la ville, qui s'étendait jusqu'à la glacière, et la ville aux Juifs que je vous montrerai quelque jour sur la route de Cusset.

— Qu'est-ce que cette fontaine ? elle a vraiment un cachet d'antiquité qui la rapproche de votre vigie.

— Madame, vous eussiez fait merveille en archéologie ; les deux monuments sont de la même époque.

— Ah !

— Oui ; si vous voulez approcher un peu, vous distinguerez facilement le millésime 1583 ; elle porte le nom de fontaine des Trois-Cornets qu'elle a aussi donné à la place qui l'entoure. Humble comme vous la voyez, elle alluma une guerre terrible entre deux cités rivales.

— Vraiment.

— Il faut que vous sachiez, madame la vicomtesse, que Vichy si riche en eaux thermales et minérales est très pauvre d'eaux douces. On les fesait autrefois venir d'un quart de lieue, de la font Fyolant, je crois. Il n'y a pas encore une année que l'établissement thermal empruntait à une commune voisine celles dont il a besoin ; aujourd'hui l'Allier est devenu son tributaire. C'est une source plus abondante et plus commode. Or, dans un temps bien éloigné de nous, une querelle s'alluma entre Cusset et Vichy. Les habitants de cette première ville supportèrent impatiemment les progrès de leurs voisins et ne pouvant les arrêter en vinrent à des voies de fait qui ne furent pas plus péremptoires. De cette lutte mémorable aucune charte n'a gardé le souvenir ; mais la tradition raconte que les Cussétois d'alors, perfides et rageurs, détournèrent les eaux de la fontaine et plongèrent Vichy dans une disette affreuse. La colère fut grande, vous pouvez le penser, parmi les moines et le populaire ; peu s'en fallut que l'abbé ne quittât la mître pour le heaume, la crosse pour l'épée. Comment se calma la querelle ? c'est ce que les chroniqueurs ont oublié de nous dire. J'ai toujours pensé que les habitants de Cusset, heureux d'avoir fait sentir leur puissance, s'humanisèrent envers les vaincus. Aujourd'hui toute trace de rivalité a disparu. Cusset s'accommode fort bien de la prospérité de sa voisine et, Vichy, ne se laissant pas éblouir par ses grandeurs, l'admet à les partager.

— C'est une fort belle histoire...

— Et qui annonce, madame, qu'il ne faut jamais dédaigner plus petit que soi, une belle morale !

— Dont l'événement prouve toujours la vérité. Où conduit ce carrefour, monsieur?

— C'est la rue de la Laure; encore un souvenir de

la Laure ou monastère des Célestins ; nous retomberions dans la rivière, tandis que cette rue nous conduit à l'église paroissiale, patronnée par saint Blaise.

— Ah! nous pourrions la voir en passant.

— Bien en passant, madame la vicomtesse, car elle ne mérite pas une visite particulière. Elle s'adosse à la tour de vigie, c'était autrefois la chapelle du château ; mais elle est si loin des bains que l'oratoire de l'hôpital a tous les priviléges.

M. de Salles avait dit vrai, ma tante ; c'est une église de campagne petite et mal disposée. Quelques instants après nous rentrions par la porte de France sur la place Rosalie où la foule s'était accrue depuis mon passage. C'est là que s'élève l'hospice civil ; il n'a rien de majestueux, rien qui attire les regards.

— C'est l'hospice ? dis-je au comte.

— Oui, madame. Il fut fondé en 1696 par lettres patentes du grand roi qui le dota d'une redevance de dix-huit deniers par chaque bouteille d'exportation. Mais, la maison-mère, incommode et trop étroite, fut bientôt abandonnée pour celle-ci. Cet établissement est un don de M. Delabre, ancien curé de Vichy, dont vous pouvez voir le nom attaché à la rue qui vous fait face.

— Vous avez donc fait attention à tout ?

— Quand on est resté un mois à Vichy, un mois où il n'y avait encore personne.

— Et dites-moi, monsieur, les malades étrangers sont-ils admis dans cet hospice ?

— Un certain nombre de lits leur est dévolu ; il est, je crois, de cinquante-quatre, un beau chiffre. La saison commence pour eux au 1er juin et se renouvelle de quinze jours en quinze jours jusqu'au 1er août : quelquefois elle est plus longue, quelquefois plus courte suivant la cherté des vivres et les ressources de l'hôpital. Sept sœurs de charité, de l'ordre de saint Vincent-de-Paul, sont attachées à cet établissement qui possède une pharmacie capable de lutter avec celles du dehors ; comme partout ailleurs une école de filles y est annexée.

— Et quel est cet autre édifice que j'aperçois au fond de la rue Delabre ?

— Cette immense construction n'est autre chose que la halle ; le théâtre est au-dessus.

— Comment, le théâtre ?

— Mais oui, madame, penseriez-vous qu'il manque quelque chose à Vichy ? oui, le théâtre, honoré l'année dernière de la présence de ce pauvre Sainville pour qui les eaux furent impuissantes, qui jeta parmi nous quelques-uns de ces gros éclats de rire que vous connaissez peut-être et s'en alla mourir six mois après au fond des Pyrénées. Mais il est neuf heures au cadran de l'hospice, vous n'avez plus qu'une heure pour votre toilette, je serais fâché de vous retenir.

— Je vous remercie, M. le comte, et ne vous tiens pas quitte encore. Vous logez...

— Hôtel de Paris, madame, bien à votre service.

— Et moi, hôtel Guilliermen.

— Porte à porte; vous me permettez de vous remettre chez vous...

Et je bus un verre d'eau qui me souleva le cœur; nous regagnions en jasant notre logis lorsque nous rencontrâmes Alfred, Alfred qui me manquait déjà et que j'aime de toute mon âme, peut-être parce qu'il est comme vous plein d'une sincère faiblesse pour votre nièce bien gâtée.

Anna DE LOISY.

III.

Vichy, 28 juin.

Je veux en finir avec Vichy avant de vous décrire ses merveilleux environs ; nous voici dans le quartier des Bains séparé de la ville par un parc assez vaste dont les gazons, ombragés de platanes et de tilleuls, sont fermés de plates-bandes toujours en fleurs. Un immense bassin occupe le centre des allées. Vainement y ai-je cherché quelques statues. J'aurais voulu y voir celles des bienfaiteurs du pays ; mais ils sont relégués dans le salon de conversation de l'établissement thermal. Le parc est enfermé dans une immense claire-voie. L'an dernier, à ce que m'assure M. de Salles, une haie touffue en limitait l'enceinte. On m'a pris ma haie, nous a dit le comte, et ce n'est pas là ma plus grande douleur : ce qui me désole c'est que je n'ai pas assez d'imagination pour comprendre l'importance de cette substitution.

Un côté seul du jardin est bordé de magnifiques hôtels et de magasins nombreux ; l'autre est presque désert et semble d'un œil d'envie implorer la spéculation. Je le préférerais pour ma part ; car les constructions auraient vue sur l'Allier ; il est vrai, ma toute bonne, que je n'ai ni rhumatisme, ni goutte, ni catarrhe.

Au nord du parc dont il est séparé par une petite place s'élève l'établissement thermal dont je vous ferai l'histoire avant la description.

Les sources ne furent pas toujours aussi soigneusement captées qu'aujourd'hui. Leurs précieuses vapeurs s'exhalaient en plein air, et plus d'une fois les matières alcalines qu'elles renferment allèrent flatter l'odorat des bestiaux sur la rive gauche de l'Allier. Séduits par ces émanations, on les voyait alors traverser le fleuve à la nage et, demandez à M. de Salles, venir se désaltérer aux puits minéraux. Henri IV, de gracieuse mémoire, mit fin à ce dévergondage et fit recueillir la soure du puits Carré dans un bâtiment qu'on appelait la Maison du roi. Cette Maison du roi avait des bains et des douches et portait cette inscription évangélique un peu défigurée : *Lava te et porta grabatum*. Vous comprenez bien que le duc de Sully avait trop de sens pour laisser improductif un pareil trésor. Un intendant fut créé aux eaux de Vichy qui devinrent un revenu de la couronne. Dès lors il y eut d'importantes améliorations. Le progrès fut lent, mais certain. Il était réservé à Mesdames de France de lui donner un essor plus grand et plus continu. L'an 1785 elles furent conduites à Vichy par la Providence ; leur noble cœur saigna du délaissement de ces sources précieuses. Frappées des incommodités dangereuses qui résultaient de l'exiguité de l'établissement et de l'insuffisance des ressources, elles conçurent le projet de remédier à tout. L'architecte Janson reçut l'ordre de présenter un projet; il fut approuvé et l'on mit la main à l'œuvre. Huit ans plus tard l'édifice, coupable de son origine, fut renversé par le stupide marteau des républicains et Vichy retomba dans sa dégradation première. 1806 fut véritablement l'ère de sa grandeur; on acheta de vastes emplacements auquels, en 1812, la munificence de Napoléon vint ajouter encore, par un décret daté de Cumbinen. Enfin, madame la duchesse d'Angoulême posa, en 1814, la première pierre de l'établissement thermal. Les dessins de Janson furent abandonnés pour ceux de M. Rose-Beauvais, de Cusset, qui étaient plus grands et plus appropriés à l'accroissement des thermes. Elle fut puissamment secondée par M. le baron Lucas, inspecteur des eaux depuis 1802 dont le portrait vénéré se trouve ici dans les plus humbles demeures. Hélas! elle eut à peine le temps de voir l'achèvement de son œuvre. 1830 la jeta sur la terre d'exil.

Le gouvernement de Louis-Philippe n'a pas été non plus indifférent aux besoins de cette contrée. Le ministre du commerce, M. Cunin-Gridaine, dont la principale rue conserve le nom, y étendit une sollicitude presque paternelle.

Enfin 1853 a vu passer les eaux de Vichy entre

les mains de MM. Lebobe et Callou, leurs fermiers actuels. Vous ne sauriez croire, madame, quelle prodigieuse influence exerce l'intérêt privé. De gigantesques projets ont été conçus ; toutes les sources sont concentrées et un nouvel établissement thermal, digne émule du premier, s'élèvera dans l'enclos dit des Capucins. Il y avait là un vieux couvent fondé en 1614 où les religieux malades de cet ordre recevaient des secours spéciaux. Il changea souvent de destination et servit tour à tour de grenier à sel, de salle de spectacle et d'entrepôt aux expéditeurs des eaux de Vichy. Il n'en reste plus que de rares vestiges. L'édifice qui le remplacera contiendra un grand nombre de baignoires, le gouvernement ayant exigé qu'elles fussent portées à trois cents. Ce chiffre vous donne la mesure de l'extension qu'on rêve pour Vichy. Mais ce qui me paraît merveilleux, c'est qu'on a spéculé sur notre amour-propre, et que le luxe des cabinets de bains sera proportionné à la vanité et aussi à la bourse des consommateurs. Ainsi pour cinq francs on aura un boudoir, pour deux francs cinquante un demi boudoir avec accompagnement de robes de chambre, de pantoufles et lits de repos. Le reste au commun des martyrs n'en est pas moins fort élégant.

Je reviens à mes moutons. L'établissement thermal que je n'appellerai pas encor l'ancien et que je ne saurais désigner sous aucun nom spécial, je n'étais pas à son baptême, est un rectangle de cinquante-sept mètres de côté sur soixante-seize de large. Il présente au sud une façade de dix-sept arcades d'où part une vaste galerie qui sert de promenade aux heures de brouillards et de pluie et de salle d'attente tous les jours. Au milieu de ce vestibule sont deux portes qui donnent entrée dans de vastes corridors sur lesquels s'ouvrent les cabinets de bains, d'un côté pour les hommes, de l'autre pour les femmes. De ces baignoires je ne vous dirai qu'une chose, c'est que je les ai trouvées de tout point fort convenables. A l'extrémité de cette immense pièce règne une seconde galerie transversale, parallèle à la première et donnant sur la rue Lucas qui s'étendra bientôt jusqu'aux rives de l'Allier. Je ne veux compter ni les festons, ni les astragales. Les salons ont vue sur le parc et, je dois à ma véracité descriptive, de vous dire que les escaliers qui y donnent accès sont les plus raides, partant les plus incommodes du monde. C'est une véritable ascension. Il est vrai qu'on s'en dédommage en pénétrant dans les salons. Là règne un luxe de bon goût qui vous reporte à Paris. Salle de conversation, salon de lecture, salon rouge, salon vert, tout y est décoré, drapé, chiffonné par le génie des arts. Mais la merveille c'est la rotonde, une vaste rotonde, ornée de glaces, de panneaux peints, de fresques allégoriques avec un riche pourtour de moelleux canapés, des lustres et des girandoles qui font, le soir, un magique effet. Il y a une salle de billard et quelques tables de jeu ; mais le jeu n'a pas pû prendre à Vichy. Heureux Vichy !

Je sortis de l'établissement fort satisfaite de ce que j'avais vu et entendu et nous fîmes une promenade à travers les magasins. Alfred veut absolument tout épuiser aujourd'hui et entreprendre demain ses excursions pittoresques. Notre cicérone nous accompagne. On traverse la rue Montaret, une des plus belles sans contredit qu'il m'ait été donné de voir. Je ne vous en dirai pas la chronique ; elle ne date que d'hier. Cette rue s'ouvre par le pavillon d'un hôtel charmant auquel la brique incrustée dans la pierre de taille, pour ainsi dire, donne l'aspect le plus coquet. Il est continué par un jardin clos d'un élégant grillage et terminé par un pavillon parallèle au premier. Le reste de la rue est, ainsi que le côté opposé, garni de magasins qui ne laissent rien à désirer pour la salubrité et la richesse. Aucune espèce d'ordre n'a été suivi dans ces constructions, on ne peut les rapporter à aucun genre d'architecture. Le goût, mais un goût exquis a tout fait. C'est à M. Chapelle de Vichy que la cité coquette est redevable de son plus bel ornement ; car vous ne sauriez croire à l'effet de cette enfilade de magasins dont nos galeries parisiennes ne vous donneront qu'une faible idée. Aussi le commerce s'y est-il précipité avec ardeur et les loyers sont fabuleux. Il est vrai que Vichy n'avait pas encore une rue complète. Tout y est commerce, tout y est jeune, tout semble évoqué d'hier.

Au sortir de la rue Montaret un nouvel établissement, l'Hôpital thermal militaire, s'offre à nos regards, entouré de vastes jardins ; il ne date que de 1846 et a succédé à l'un des hôtels les mieux hantés. Le gouvernement, dans sa sollicitude pour l'armée, traita avec M. Cornil, son propriétaire, et dès lors nos soldats qui, en venant à Vichy, étaient obligés de se loger à leurs frais trouvèrent un asile gratuit et un facile soulagement à leurs douleurs. Le grand établissement cèdera, suivant de nouvelles conventions, vingt-quatre mètres cubes d'eau à l'hôpital militaire qui possèdera aussi tout un appareil balnéatoire. On ne saurait assez applaudir à ces mesures ; car s'il est des maux dignes de pitié ce sont sans doute ceux qui frappent dans les camps les défenseurs du pays.

Nous sommes allés jusqu'au Musée où, comme nous l'avait promis M. d de Salles, nous avons admiré la science et la simplicité de son fondateur. Je ne sais si le gouvernement est pour quelque chose dans les frais énormes qu'a dû entraîner cette création ; mais à coup sûr les recherches consciencieuses de M. Chauvet et ses premiers succès méritent des encouragements. Nous y avons trouvé de charmantes statuettes d'argile blanche représentant les divinités du paganisme avec des attributs votifs, plusieurs pièces qui faisaient partie de la toilette des dames romaines et que les anciens, peu galants, appelaient le monde des femmes, comme si c'était là pour elles les limites de l'Univers, des ustensiles de sacrifices, des poteries de diverses époques et une précieuse collection de monnaies. Je ne veux pas vous fatiguer d'une plus longue nomenclature, prenez ceci pour mémoire et à demain.

Anna de Loisy.

IV.

CUSSET.

Vichy, 30 juin.

Notre résolution était bien prise, et aussitôt après le déjeûner nous avons quitté Vichy. C'était chose vraiment curieuse que notre cavalcade. Alfred avait loué des ânes pour notre pérégrination. Ils furent d'une ponctualité digne d'éloges et, plusieurs de nos commensaux s'étant joints à nous, nous partîmes gaîment éveillant de nos éclats de rire les échos d'alentour. Nous voyez-vous, ma tante, au nombre de vingt environ ; ces messieurs ont enfourché leurs montures et laissent pendre jusqu'à terre leurs jambes démésurément longues, soulevant autour d'eux une folle poussière. Pour nous, commodément assises, nous fûmes bientôt aguerries et nos ânes trottèrent sous la verge de petits lazzaroni qui semblaient mettre toute leur gloire dans la rapidité de notre course. Il fait une chaleur insupportable ; mais nous nous engageons dans une charmante allée appelée, à plus d'un titre, l'allée des Dames. A droite et à gauche se dressent des peupliers d'une magnifique venue qui longent le joli ruisseau du Sichon. Je n'en sais pas de plus pittoresque, et si madame Deshoulières l'eut connue, elle aurait, sans aucun doute, laissé les bords fleuris de la Seine pour y placer ses idylles arcadiennes. Il poursuit son cours entre deux haies de verdure, rasant les gazons les plus frais. Tantôt il écume et mugit devant de pauvres fabriques qu'il alimente de ses eaux, tantôt le voilà coquet et bavard murmurant sur son lit de cailloux son éternelle chanson. A droite une route poudreuse où roulent les calèches et les tilburys de louage; à gauche, et sur l'autre rive, des prairies émaillées de fleurs, protégées par de grands, grands arbres contre les ardeurs du soleil. On sent une irrésistible envie de s'y arrêter un instant... mais nous allons à Cusset. Est-il quelque chose qui puisse nous distraire de cette importante visite? On frôle une fontaine d'eau minérale désignée sous le nom de fontaine Pajot; quelques hydrophobes s'y désaltèrent et nous touchons au terme de notre voyage. C'est Cusset. Avant d'y pénétrer que je témoigne ma gratitude à mesdames Adélaïde et Victoire de France qui commencèrent la plantation de l'allée de Mesdames et 1785, et à M. le baron Lucas qui l'acheva en 1814. Ce sont des bienfaits qui perpétuent le nom de leurs auteurs.

Si, comme l'a prétendu savamment le comte de Salles, Cusset vient du mot celte *Cusey caché*, je déclare que cette ville porte admirablement son nom. Des collines en pleine végétation la dérobent à droite et à gauche; puis, devant nous, se dressent les Jus tices, montagne au front chenu, au sol pierreux, dernier mamelon du Forêt, où s'exécutaient jadis les arrêts du lieutenant criminel.

Nous avons suspendu notre course, nous nous pressons autour de M. de Salles qui, malgré quelques sourires narquois, prend un ton solennel et commence en ces termes :

« Madame de Loisy, me dit-il, je veux remplir consciencieusement mes fonctions; donc, avant d'entrer à Cusset, je vous ferai, s'il vous plaît son histoire.

Anes et cavaliers ouvrirent aussitôt une oreille attentive.

« Cusset n'est pas une de ces villes roturières dont les parchemins comptent à peine quelques quartiers. C'est une noblesse de vieille date que la sienne, et vous verrez, par son attachement aux traditions antiques, qu'elle ne veut pas être confondue avec tant d'autres cités qui, nées d'hier, n'ont pour elles qu'une morgue de parvenues. Il faut, pour trouver son origine, remonter à l'année 820. Son territoire était alors compris dans les propriétés de l'abbaye de St-Martin, en Nivernais. Séduit par un site charmant qu'enserrent et fertilisent le Jolan et le Sichon, l'évêque de Nevers, Eumenus, y jeta les fondements d'un riche monastère. C'est vous dire assez que son berceau fut abrité par la croix, cet arbre fécond dont les rameaux s'étendent si loin. On était en 886, et j'ai vu dans les archives de la mairie de Cusset une charte de Charles-le-Chauve qui confirme la fondation et la dote de magnifiques priviléges. Des Bénédictines y furent placées et l'établissement prospéra si bien que ses immunités furent presque sans limites. On n'y admettait que des filles de haute lignée, et l'abbesse partageait le droit de justice avec le roi de France. Ce pont que vous apercevez là-bas et qui joint la vieille route de Vichy a conservé le nom de Pont-de-la-Mère, sans doute parce que l'abbesse en perçut d'abord le péage.

Autour du couvent, source de charité, s'abritèrent d'humbles cabanes; puis le progrès fit du hameau une ville importante dûment fortifiée de bonnes murailles, de fossés profonds et de puissantes tours. Du reste, elle ne fut pas longtemps vassale des seigneurs voisins; un bailliage royal y fut établi et Cusset compta dès-lors parmi les villes du royaume. Son histoire cependant se confondit longtemps avec celle du monastère et ne jeta quelque éclat que dans les guerres de la praguerie. C'est ici, mesdames, que se termina cette lutte sacrilége du Dauphin Louis XI contre le roi Charles VII. Nous verrons sur la place la maison où fut signé le traité de paix. Vous me dispenserez, peut-être avec plaisir, de tout récit qui n'aurait pas un rapport direct avec le sujet qui nous occupe. A la prière du comte d'Eu qui fut le médiateur de cette réconciliation, Charles se rendit ici et y attendit les rebelles. Monstrelet donne dans ses chroniques tous les détails de cette entrevue. Louis et le duc de Bourbon se présentèrent seuls devant le monarque laissant à Moulins la Trimouille, de Chaumont et de Prie. Après quelques reproches d'un père plutôt que d'un juge, le roi reçut à composition son fils et son cousin. Mais le premier ayant voulu intercéder pour ses complices, Loys, lui dit le roi, les portes sont ouvertes et si elles ne sont pas assez grandes, je vous en ferai abattre seize ou vingt toises de mur pour passer où bon vous semblera. Louis n'était pas le plus fort; il céda et la paix fut signée le vingt-quatrième jour de juillet de l'année mil quatre cent-quarante.

Les humiliations glissaient sur le cœur du Dauphin comme une goutte d'eau sur la cuirasse d'un chevalier. Il avait calculé l'importance de Cusset, cité royale assise aux confins de l'Auvergne et du Bourbonnais, et s'était pris pour elle d'une cauteleuse affection. Quelques années plus tard Jean de Doyac devint de page dissolu audacieux favori et reçut l'ordre de procéder aux fortifications de sa ville natale. L'escarcelle des princes voisins fournit à tous les frais, double mérite aux yeux d'un roi qui fessait marcher de pair l'avarice et l'ambition. Ces travaux pourtant durent coûter des sommes énormes à en juger par la description qu'en fait, au XVIme siècle,

Nicolas de Nicolaï, valet de chambre et géographe du roi. La ville eut quatre portes, la Mère, Doyac, St-Antoine et la Barge dont autant de faubourgs portent encore le nom. Ces portes étaient flanquées de tours désignées sous le nom de Prisonnière, du Bâteau, Tour St-Jean, Tour Notre-Dame ou Grosse-Tour. Vous voyez, en face de vous, les restes de cette dernière fort imposants encore. Il faut cependant qu'elle ait bien dégénéré, car l'auteur de la Description du duché du Bourbonnais ne se fait aucun scrupule de la comparer aux plus belles résidences d'un prince. Si vous visitiez, mesdames, son intérieur sombre et parfois humide, vous ne lui assigneriez pas une destination aussi brillante, à moins que le prince ne fut criminel d'Etat. Elle sert aujourd'hui de prison. Hélas! ce que c'est de nous! Jean de Doyac, eut une prospérité plus éphémère encore. A la mort de son protecteur, Anne de Beaujeu le fit fouetter par le bourreau à Paris et à Montferrand. Il eut la langue percée et les oreilles coupées, juste châtiment de ses insolentes exactions! Quelques auteurs prétendent cependant qu'il trouva les moyens de se retirer en Savoie où il mourut quelque temps après.

Depuis cette époque Cusset est rentré dans l'obscurité; la révolution de 1789 démolit ses remparts et ferma son abbaye, l'industrie combla ses fossés et lui substitua des promenades charmantes; mais son importance avait fui pour toujours. Rien ne l'appelle, en effet, à un avenir commercial. Elle s'assied en parasite au banquet de Vichy et peut-être ces deux villes se confondront-elles un jour, car à des degrés différents elles ont les mêmes richesses.

Divers forages opérés à Cusset firent surgir plusieurs sources minérales alcalines gazeuses. La nature des couches traversées offrit le même ordre de formation que celles du bassin de Vichy. La source de l'hôpital fut découverte en 1844. Analysée par l'habile chimiste, chef du laboratoire de l'académie de médecine de Paris, il a été reconnu que les eaux de cette source peuvent rivaliser avec celles de Vichy. Dès 1845 l'hospice de Cusset qui avait obtenu cette source avait créé quelques baignoirrs où beaucoup de personnes atteintes de gastrites, de maladies de foie, de goutte, de gravelle ont recouvré la santé. Cette source est devenue plus tard la propriété de M. Félix Bertrand qui lui a tout récemment donné le nom de source Elisabeth.

En 1849, un nouveau sondage fit jaillir une source fort remarquable qui reçut le nom de source Sainte-Marie. Cette eau coule par un tube ascensionnel et dégage par jets fréquents des bulles gazeuses ; l'analyse faite également par l'académie de médecine de Paris a donné une preuve de plus de la parfaite identité des eaux de Cusset avec celles de Vichy. La richesse minérale de cette source a été constatée par ce corps savant ; on peut transporter au loin ces eaux sans qu'elles éprouvent la moindre altération dans leurs propriétés médicales. **Prises à la source**, elles ont une action très disgestive et rafraîchissante.

Notre historien se tût et nous le remerciâmes avec effusion, heureux de savoir d'avance à qui nous avions affaire.

Une papeterie est le premier édifice que l'on rencontre ; sa fondation remonte à 1822, et ses produits peuvent, dit-on, soutenir une honorable concurrence.

Sur la route impériale de Moulins à Nîmes, une charmante construction vint frapper nos yeux. L'établissement des bains Sainte-Marie avec ses élégantes tourelles, son large perron, son entrée somptueuse est une délicieuse miniature. On se croit dans une villa florentine. Le goût le plus pur, la prodigalité la plus éclairée semblent avoir pris soin de l'ornementation. Nous sommes entrés dans les cabinets qui laissent bien loin derrière eux ceux que j'ai déjà vus à Vichy. La hauteur des appartements, les ouvertures ménagées aux plafonds en assurent la salubrité contre les émanations quelquefois dangereuses du gaz; les plus ingénieuses combinaisons se rencontrent partout et un diminutif de jardin anglais sert de promenade aux baigneurs. Cette source, qui a déjà fait ses preuves, appartient à M. Félix Bertrand dont je ne puis que louer ici la gracieuseté et la complaisance. Dire tout ce que cet homme a eu à combattre d'animosité et de mauvais vouloir est hors de mon sujet.

Ses compatriotes eux-mêmes à qui il ouvrait une voie nouvelle de prospérité ne lui montrèrent aucune sympathie. Il a fallu le succès pour les ébranler et encore! C'est toujours la vieille histoire de la routine et du génie. Mais le génie a sa conscience et réussit quand même. L'établissement de Sainte-Marie, ouvert en 1853, n'a pas moins préludé à un avenir brillant que je lui souhaite de tout mon cœur.

En quittant cette jolie bonbonnière, nous nous trouvons sur la place de l'Hôpital. Cet édifice n'a rien de remarquable; Guérin de Champagnac, conseiller au parlement de Paris, mort en 1706, le dota si richement qu'on lui en a faussement attribué la fondation. Il existait avant son illustre bienfaiteur.

Nous nous engageons à travers des rues étroites, tortueuses, mal pavées. Ah! c'est bien là le Cusset de M. de Salles et je ne serais pas étonnée d'y rencontrer Louis XI avec son chapeau orné d'images et de médailles. Les antiquaires s'arrêtent à la maison Lebourg dans la rue de l'Ile. On y trouve une cheminée remarquable par ses sculptures. Le pont de Claustre offre une tour soutenue par des cariatides auxquelles s'applique une inscription latine dont Alfred nous donna le sens, et dans laquelle elles semblent implorer la compassion du visiteur. Il n'y avait pas de tronc.

Nous arrivons enfin sur la place, c'est ce que la

ville a de plus *présentable*. Elle est vaste et les avenues en sont nombreuses. Le fond est occupé par deux maisons à pignons de bois ayant saillie sur rue. C'est dans l'une d'elles qu'eut lieu l'entrevue de Charles VII et de son fils. Il nous fut permis d'en visiter l'intérieur qui porte encore très bien son cachet d'antiquité. Nous parcourûmes ensuite la vieille abbaye. Ses bâtiments étaient si vastes qu'on a pu y faire l'Hôtel-de-Ville, l'école communale, la caserne de gendarmerie, le tribunal de première instance et ses accessoires sans compter de vastes jardins, une halle au blé, un magnifique collége. Tout cela s'est élevé dans les dépendances du monastère, sans qu'on ait réussi à les employer toutes.

L'église, placée sous le vocable de St-Saturnin, paraît remonter au XIIIe siècle, mais l'artiste ne trouve pas à y arrêter ses yeux. Elle est nue, sans architecture et tout à fait indigne d'une ville aussi considérable. Espérons que l'administration municipale, à la tête de laquelle se trouve un homme d'un grand sens et d'un grand patriotisme, pourvoira à cette insuffisance.

Si Cusset est triste et irrégulier, le voyageur trouve un ample dédommagement dans ses promenades aérées et vastes. Ce sont des plantations magnifiques le long desquelles sont venues se ranger des maisons plus élégantes que celles que nous avons visitées jusqu'alors.

On nous a proposé de regagner le Pont-de-la-Mère, sur les bords du ruisseau, et nous sommes descendus jusqu'à un endroit fort ombragé qu'on nomme le *Chambon* ; cela vaut mieux que la route poudreuse.

Nous avons suivi le cours de l'eau, effleurant les marguerites qui émaillent le gazon, prêtant l'oreille au gazouillement des oiseaux, au murmure de la vague, au souffle léger du zéphir, à tous les bruits d'une nature fraîche et sereine, car Cusset est ployé dans un rideau de verdure.... que n'étiez-vous avec nous!

Enfin, nous avons trouvé nos conducteurs et nos montures avec le comte de Salles et M. de Loisy qui étaient allés visiter le fronton d'une porte de la maison Cassard, et celui de la maison Jourde dans l'intérieur de la ville. Ces messieurs préfèrent l'art à la nature ou plutôt, disent-ils, l'un s'en va tous les jours et toujours ils sont sûrs de retrouver l'autre.

Une demi heure après nous rentrâmes à Vichy où la cloche ne tarda pas à sonner le dîner. Nous eûmes à peine le temps de secouer notre poussière. Mais n'est-ce pas assez caqueter pour ce soir, madame? Vous me manquiez si bien que je veux vous faire la compagne assidue de mes impressions. Conter c'est sentir deux fois et vous savez s'il m'est doux de sentir avec vous.

Anna de Loisy.

v.

Vichy, 4 juillet.

L'homme propose et Dieu dispose. De tous les dictons populaires il n'en est peut-être pas que les événements aient mieux justifiés. Nous devions aller aujourd'hui à Randan et voilà qu'un ciel grisâtre s'est étendu sur nos têtes et qu'un humide brouillard me force à garder l'hôtel. Alfred est sorti pour aller au tir et j'ai envoyé chercher quelques volumes au cabinet de lecture de M. Jules César, qu'il ne faut pas confondre avec le Romain du même nom.

Même un jour de pluie, Vichy n'est pas sans charmes, et mes yeux quittent souvent le livre ouvert sur mes genoux pour suivre, distraits et songeurs, les passants intrépides qui sillonnent encore le parc. Les arbres ont pris, sous cette fraîche ondée, une verte parure et le chant des oiseaux semble dans toute cette mélancolie plus sympathique à nos âmes. Césarine qui travaille auprès de moi ne partage pas mon admiration, et trouve que tout cela ne vaut pas son hameau de la Tremblaie. La chute monotone des gouttes d'eau m'a jetée dans une somnolence que seul vaincra le mouvement. Je descends au salon ; le piano obligé de l'hôtel se trouve heureusement inoccupé. Tandis que mes doigts courent sur les touches d'ivoire, il se fait une éclaircie et un rayon de soleil vient indiscrètement frapper mes yeux. Je ne pense pas que ce soit à mes notes saccadées que nous devions son retour ; mais puisqu'il a daigné sourire entre deux nuages, je cours à ma toilette. C'est une des plus graves occupations d'une femme a dit je ne sais quel auteur peu reconnaissant du mal que nous nous donnons pour plaire à son sexe. On peut dire que c'est à Vichy notre occupation unique. Pour la plupart d'entre nous, en effet, le bal, le concert, la promenade n'est que l'occasion de montrer nos riches parures. J'ai été ce soir témoin d'une excentricité qui passe les bornes. Deux dames s'en allaient dans le Parc d'un air passablement décolleté ; elles portaient des ternaux assez riches au bas desquels les promeneurs lisaient avec stupéfaction, gravé dans le tissu : *Mille francs.* A toute marchandise il faut une enseigne.

Cette promenade, le soir dans le Parc, a quelque chose d'enchanteur ; vainement y chercheriez-vous la physionomie du matin. Des toilettes délicieuses, une brise embaumée de mille senteurs orientales, quelques rayons du soleil couchant tamisés par de grands arbres, un long murmure qui vous avertit d'avance que vous êtes en bonne compagnie, un flux et un reflux continuels où la vague qui monte, s'écarte devant la vague qui descend depuis l'établissement thermal jusqu'à la fontaine Rosalie ; des chaises à droite et à gauche, tantôt rangées à la file, tantôt groupées en rond ; les fenêtres du vaste édifice, s'allumant tour à tour comme des météores, les notes des instruments qui préludent mourant dans le vague des airs ; au ciel des étoiles d'argent se détachant sur un fond d'azur et, de temps à autre, quelques feux de bengale, quelque pièces d'artifice qui sifflent, montent, éclatent et tombent. C'est le Parc de Vichy à huit heures du soir, une miniature du jardin des Tuileries.

Mais Strauss nous réclame ; déjà les voitures arrivent à la file et versent dans les galeries extérieures les danseuses à flots. Des hôtels voisins quelques dames accourent en sautillant. J'entends les mesures cadencées de la redowa. Je vais me venger au salon de ma retraite forcée du jour. En *escaladant* les degrés le cœur me bat, ma bonne tante, comme le soir où, pour la première fois, vous m'avez introduite chez la duchesse de Vicence. Vraiment l'avenue de de la Rotonde est magnifique et ma disposition naturelle à tout admirer m'a conduite jusqu'à l'enthousiasme. Les décors en sont charmants et il y avait un monde à se croire à l'Opéra. J'ai vainement cherché des malades ; est-ce que l'on trouve des malades à

Vichy. En revanche, les mises étaient d'une grande fraîcheur et d'une rare élégance, les danseuses en grand nombre surprenant, grâce à l'entrain bien connu des dames de Cusset, qui, je vous assure, n'ont rien de provincial. Vous eussiez dit un écrin mouvant à voir chatoyer toutes les têtes sous les gerbes lumineuses des lustres et des girandoles. Le génie de la danse a ici la pétulance d'un vrai démon. A peine Strauss a-t il donné le signal tout s'ébranle, tout s'agite, tout tourbillonne. Un vertige semble s'emparer des danseurs, l'orchestre parle en maître, la musique verse de son urne dorée l'harmonie à grands flots et sa voix remplit si bien l'espace que vous nagez dans une atmosphère de sons. Strauss est le roi de la cadence et Vichy le sait bien, Vichy qui lui doit plus qu'à la vertu de ses eaux. Des polkas, des valses, des quadrilles se partagent la soirée jusqu'à onze heures. Alors la danse languit, on signale des désertions nombreuses. Demi heure après tout était retombé dans le silence et je m'endormis la tête pleine de murmures et de triolets qui m'ont poursuivie dans mes rêves.

Anna DE LOISY.

VI.

RANDAN. — MAUMONT.

Vichy, 15 juillet.

Ma tante, ne pensez-vous pas que le cœur s'attriste à visiter de somptueuses demeures, lorsqu'à cette opulence solitaire s'attache le souvenir de quelque grande infortune ; s'il n'est pas de royauté plus respectable que celle du malheur, à combien de titres la famille d'Orléans ne mérite-t-elle pas notre vénération ! Aussi le château de Randan, ancien séjour de madame Adélaïde, qui eut quelquefois la visite de Louis-Philippe, est-il un lieu de pélérinage que tous les buveurs d'eau se font un honneur de saluer.

Nous sommes partis sur les onze heures du matin, après nous être assurés que notre calèche avait de souples rouages et de moëlleux mouvements ; car, selon M. de Salles, la route jusqu'à l'ouverture de la forêt est creusée d'affreuses ornières qui, depuis la mort de Madame, ne font que croître et embellir. Du reste, il n'avait rien exagéré. A peine échappions-nous au pont de Vichy, la plus lourde et la plus disgracieuse construction en son genre, que nous tombions dans un chemin vicinal tantôt profondément encaissé, tantôt montueux et raide. Nous laissâmes à notre droite le village de Vaisse dont le clocher nous apparaissait derrière un rideau de verdure, où semble se dérober ce hameau honteux et jaloux de la prospérité de Vichy, son voisin. Aux marges des sentiers quelques voix criardes se font entendre sollicitant votre aumône et des enfants en guenilles vous apparaissent tendant la main et luttant avec l'agilité des chevaux jusqu'à ce que vous ayez laissé tomber votre obole ou qu'une autre voiture ait éveillé leur attention. Mais une fois dans la forêt tout change de face ; de larges allées, des routes vraiment romaines la sillonnent de toutes parts ; vous voyagez comme dans une avenue magnifique avec de l'ombre sur vos têtes et un concert d'oiseaux voletant à vos côtés.

Nous arrivons à Randan ; si ce n'était le château et l'église qu'a élevée madame la princesse d'Orléans ce village ne mériterait, à aucun titre, notre curiosité. Les maisons cependant y ont un air propre et coquet que l'on rencontre rarement dans la campagne Bourbonnaise. On devine tout d'abord l'approche d'une grande propriété.

Le château de Randan est situé sur notre gauche. Une longue avenue qu'enferment des plates-bandes semées de fleurs délicieuses nous conduisent à la porte d'entrée principale que gardent sur leurs colonnes deux lions inoffensifs De ce côté l'aspect du château n'a rien de monumental ; vous diriez la villa d'un poète qui cache son nid dans un massif de verdure ; il y a même dans les interstices des dalles quelques pariétaires qui accusent la négligence des habitants. Nous sommes entrés et nous avons surpris le château tel qu'il était au temps du séjour de son royal propriétaire. M. le marquis de M....., son possesseur actuel, a eu le bon goût de n'y rien changer. Voici une petite galerie de tableaux, des marines charmantes et quelques peintures de la princesse Marie, jeune femme à la double couronne de reine et d'artiste que le ciel déroba vite à la terre, peut-être pour lui épargner toutes les douleurs qui devaient frapper et sanctifier sa famille. A gauche, la salle du musée où nous rencontrons des armes étrangères, et surtout brésiliennes, dues aux voyages du prince de Joinville. En face, la chambre de madame Adélaïde et son oratoire ; les croisées s'ouvrent sur un immense bouquet de verdure. Nous sortons et, prenant à notre gauche, nous pénétrons dans le salon d'honneur qui réunit le billard et la bibliothèque, où la pensée évoque malgré elle ses anciens habitants. Les tableaux de famille qui étaient autrefois appendus aux murs ont été enlevés depuis 1848.

Une porte latérale à droite de la cheminée nous

conduit dans la chambre de ce roi qui tint son trône d'une révolution, et à qui une révolution vint enlever son trône. Son lit fort bas et très dur, je vous l'assure, révèle ses habitudes de tempérance et de travail. Nous avons pénétré sur la terrasse qui s'étend comme une galerie en plein air jusqu'à la chapelle du château. Il n'existe autour de Vichy que deux perspectives rivales : celle du château de Busset et celle de la côte St-Amand. Toute la limagne d'Auvergne se déroule à nos yeux et la vue ne s'arrête qu'aux gigantesques plans de la chaîne du Puy-de-Dôme. La chapelle est riche ; on y admire des vitraux peints représentant les trois vertus théologales et le martyre de sainte Dorothée, pour lequel posèrent madame de Genlis et ses élèves, attire les curieux dans un petit oratoire plus coquet que sévère.

Un escalier en fonte nous conduit dans les communs du château. La salle à manger, ouvrant sur un magnifique parterre, revêtue de stuc, voûtée et semée d'arabesques capricieuses, d'oiseaux fantastiques et d'amours païens se recommande surtout par la disposition des glaces répétant à l'infini le paysage magnifique qui se déploie devant nous. Le parquet à rosaces est un travail curieux de mosaïque, et les yeux éblouis de tant de magnificence cherchent l'obscurité. On reproche, avec raison, à cette pièce un manque d'élévation qui souvent réduit sa lumière à un demi jour.

Nous passâmes dans les cuisines, dans la boulangerie, dans la glacière dont les dimensions sont dignes des héros de l'épopée grecque ; puis après être remonté dans le château et avoir parcouru les étages supérieurs qui sont d'une simplicité sévère, nous traversâmes de nouveau la cour d'honneur pour nous rendre dans le Parc. En franchissant la grille, dont le travail est assez remarquable, le Parc se déroule à nos yeux ; il est vaste et bien accidenté, les allées sont larges et un air toujours frais y circule ; les massifs parfaitement ménagés s'ouvrent de temps à autre pour laisser entrevoir quelque chaumière, quelque maisonnette rustique ; mais on y regrette les eaux qui jetteraient plus de variété dans le détail. Tous les efforts pour les faire sourdre ont été jusqu'à ce jour inutiles.

Nous sommes remontés en voiture et me retournant vers le comte de Salles :

— Eh bien ! monsieur, lui ai-je dit ?

— Vous venez, madame la vicomtesse, d'admirer beaucoup de magnificences ; moi qui ai eu le bonheur de les visiter alors que madame Adélaïde vivait encore et qu'elle reposait sa vieillesse entre MM. de Montpensier et de Joinville, je viens de voir un tombeau. Si vous descendiez dans ces chaumières qui bordent la route, si vous interrogiez les pauvres, ce serait un concert de regrets et de larmes pour l'ange que Dieu leur a retirés. Durant les courts instants que passait à Randan Son Altesse, elle n'avait qu'un but, qu'une occupation, le bonheur de la contrée ; et comme si l'étendue de cette commune n'eut pas suffi à son inépuisable charité, elle allait jusqu'à Vaisse chercher des malheureux à secourir, des enfants à instruire, des ateliers à fonder. La mort n'apprécie pas les vertus ; elle l'enleva à l'amour de ces populations.

— Peut-être fut-elle bonne pour elle, dit Alfred, en lui épargnant l'exil, le trépas de son frère, la séparation de tous les membres de sa famille

Ces souvenirs nous rendirent rêveurs pendant quelques instants.

M. de Salles reprit bientôt :

— Voici l'historique de Randan. Ce village fut autrefois le chef-lieu d'une châtellenie appelée le Randanois. On croit généralement que, comme la plupart de nos villes bourbonnaises, il dût son origine à un couvent de bénédictins dont Grégoire de Tours vante la richesse et la régularité. Mais il eut ses jours de décadence et n'était, au XII° siècle, qu'un simple château ayant toutefois des seigneurs particuliers ; c'est alors que nous trouvons Baudoin et Châtard de Randan, puis enfin Guillaume en qui s'éteignit cette noble maison. La seigneurie passa dans la maison de Polignac. Jean de Polignac étant mort en 1491 laissa pour héritière Anne de Polignac, épouse du duc de Sancerre qui succomba à Marignan. Ce fut à cette veuve que s'adressèrent les amours du chevalier Sans Peur et Sans Reproche. C'est bien la dame de Radan que désignent les chroniques de l'époque comme la dame des pensées de Bayard. Inconstante, elle convola en secondes noces et épousa le 5 février 1518 François de Larochefoucauld, prince de Marcillac, d'une des plus illustres maisons de France. La famille de Larochefoucauld éleva Randan à une gloire peu commune. Marie-Catherine de Larochefoucauld, gouvernante de Louis XIV et première dame d'honneur d'Anne d'Autriche, le fit ériger en duché ne relevant que de la grosse tour du Louvre. Diverses alliances en firent la propriété de la maison de Lorge, et enfin de M. le duc de Choiseul qui en vendit une partie à madame Adélaïde, en 1821. C'est à ce dernier propriétaire, qui remplit si bien le rôle de providence que Dieu impose aux grands que le château doit toute sa splendeur. Madame Adélaïde affectionnait beaucoup ce séjour. Le duc de Montpensier recueillit son héritage; mais le décret qui a frappé les biens des exilés l'a fait passer dans des mains étrangères, qui, j'en suis convaincu, lui conserveront le charme du souvenir.

Quel est ce joli château qui a l'air d'un espiègle enfant enseveli dans les habits de son grand-père ? C'est

Maumont. Nom funeste que semblent démentir de riants horizons et de verdoyantes prairies. Pourquoi ce nom de Maumont qui, d'après Alfred, signifie montagne maudite. J'ai interrogé les vieilles mémoires des alentours et je n'ai rien appris. Le voisinage des forêts donne cependant une explication plausible. Peut-être une bicoque fédodale domina la contrée et les seigneurs, protégés par l'épais rideau des arbres séculaires, s'adonnèrent à quelque industrie qui fit redouter leur demeure des vassaux et des hommes d'armes ; peut être encore la sorcellerie y établit-elle son siége. Etrange supplice que ces dénominations fatales infligées à certains lieux ! Rien ne peut les changer, ni les délicatesses de la civilisation, ni les embellissements de l'art.

Que nous sommes éloignés pourtant de ces heures sanglantes ! Une commanderie de templiers dont il ne reste aujourd'hui que la porte, dernier et précieux monument de la noblesse du lieu, a purifié les vieux âges. La forêt est percée de larges avenues et l'on y voyage avec autant de sécurité que de Cusset à Vichy, où les voitures roulent par centaines. Les prés sont verts, mille canaux distribuant partout une onde fertilisante accusent la main de l'homme. Dans les champs le paysan n'a pas cet air fatigué, rabougri qu'on lui trouve si fréquemment en Bourbonnais ; il se sent d'un riche voisinage. Peu d'années ont suffi à cette métamorphose. C'est en vain que Maumont dresse ses tourelles et ses crénaux gothiques, vainement ses donjons inoffensifs semblent-ils se pencher sur la vallée ; sous son masque de pierre se trahit la jeunesse et perce son origine.

Ce fut en 1840 que madame la duchesse Adélaïde, alors propriétaire de Randan et des royales forêts qui l'entourent, fit commencer ce joli châtelet où le goût déploya ses ressources, l'art toute sa fidélité. L'architecte n'oublia rien pour vieillir le nouveau-né ; on lui donna pour langes le suaire du moyen-âge. A l'extérieur, comme dans les appartements, aux colonnes comme aux frises, aux moulures, aux boiseries, aux panneaux, aux bahuts, aux dressoirs vous retrouvez la même pensée d'imitation poussée jusqu'à la copie. Partout le chêne imposant couvre la nudité des murs, des siéges gothiques vous sollicitent, de larges cheminées attendent le tronc centenaire.

Ne cherchez-vous pas, me dit notre guide, quelque page éveillé qui vous conduise à la châtelaine, ne trouvez-vous pas que la damoiselle de céans est bien lente à venir? Hélas! priez pour elle ; car elle est trépassée.... la main de Dieu a touché sa famille et en a dispersé les membres.

Après avoir parcouru ces appartements solitaires nous montons un petit escalier remarquable par sa hardiesse, et nous arrivons sur la terrasse du château d'où s'offre, aux visiteurs, une délicieuse perspective. Ce ne sont plus les vastes horizons que nous avons admirés à Randan. Ici la vue est bornée ; mais le tableau a de charmants détails. Aux pieds de la montagne un étang que colorent les arbres de la forêt ; puis des prés et de riches moissons ; l'Allier, dont les sinuosités majestueuses embrassent çà et là de verdoyants îlots et d'arides bancs de sable : sur la rive droite de luxuriantes collines, le château de Busset debout sur son rocher comme l'aigle qui va prendre son vol ; et là-bas, sur votre droite, le pont de Ris que vous seriez surprise de n'y pas rencontrer, tant il s'encadre bien avec le tableau.

Aussi n'ai-je point été étonnée que messieurs les princes de Montpensier et de Joinville aient aimé de préférence ce site pittoresque et tranquille et qu'ils en aient fait leur rendez-vous de chasse, nom qui lui est resté jusqu'à ce jour.

Pour moi je propose de changer son nom fatal de Maumont en celui mieux mérité de Beaumont.

Anna de Loisy.

VII

LE CHATEAU D'EFFIAT

Vichy, 22 juillet.

On avait parlé d'Effiat et ce grand nom avait réveillé en nous la curiosité mystérieuse que l'on ressent au souvenir de grandes ruines. Aussi ne donnâmes-nous au déjeûner que le temps strictement nécessaire pour prévenir l'inanition, et bientôt deux calèches roulèrent dans les bois de Randan. C'est un charmant voyage que celui qui se fait dans ses avenues presque romaines, sous un berceau de verdure, dans le silence le plus profond à peine interrompu de temps à autre par le bruissement du feuillage, le chant montone d'un insecte caché sous l'herbe, ou le cri d'un oiseau qui fend l'air audessus de nos têtes. Puis tout-à-coup cette sombreur se dissipe, un cintre lumineux éblouit vos regards et le paysage le plus riche, le plus luxuriant se déroule. C'est la limagne, c'est le grenier de l'Auvergne, le jardin de la France dont les fruits, sous tant de formes diverses., alimentent les deux mondes. Sur notre gauche, ce vaste édifice dont nous voyons l'ardoise luire tristement au soleil, c'est Effiait, le but de notre voyage. Je lui en veux de se présenter ainsi à nous brusquement et dans une trop lumineuse nudité. Saluons, en passant, Denones, manoir antique dont il ne reste plus que le squelette, espèce de mendiant déguenillé qui est venu s'asseoir sur la route pour solliciter l'aumône d'un regard, et prenons ce chemin étroit, caillouteux, creusé d'ornières qui nous fera, je l'avoue, vivement regretter les larges voies de la forêt.

Nous rencontrons d'abord une esplanade plantée d'arbres trois fois séculaires, véritables Sully qui remontent à la fondation du château et en dérobent la façade. Une porte monumentale dont les tons bistrés ne réussissent pas à cacher la jeunesse, s'ouvre sur la cour d'honneur. Elle est dans le style Louis XIV. Un énorme écusson la surmonte; ce sont les armes d'Effiat : de gueule au chevron ondé d'argent et d'azur de six pièces, accompagné de trois lionceaux d'or qui est ruzé. Un faisceau de drapeaux et un casque antique couronnent l'écu.

Le château d'Effiat surprend tout d'abord désagréablement l'œil du visiteur. Il n'a pas, en effet, de style particulier. C'est un mélange auquel chaque époque est venue donner son cachet. Les tourelles semblent rapportées, collées au principal corps de logis ; ici les bâtiments sont de briques rouges et de pierre calcaire, là le volvic dresse ses colonnes grisâtres ; puis tout est lourd et massif, sans élégance.

Mais si le goût de l'architecte est vivement choqué par les disparates du château d'Effiat, celui de l'artiste trouve dans l'intérieur d'amples dédommagements. Les salons ont conservé tout le caractère de leur époque ; le vestibule, éclairé par des vitraux, offre les armoiries de la maison d'Effiat mêlées à celles de M. de Piré, gendre de M. Sampigny d'Issoncourt qui avait acheté cette propriété à la débâcle de Law. M. de Salles nous fit remarquer une tête de sanglier avec cette terrible devise : *non ferit nisi feritus : il ne frappe que frappé.* Quelques cariatides en pierre peinte soutiennent le vaste manteau de la cheminée qui est orné d'une tête de lion dont la gueule béante vomit quelque chose comme un boulet de canon. Je ne suis pas assez versée dans l'art héraldique pour expliquer l'allusion de cette figure qui se reproduit en plusieurs endroits. Tout cet appartement est lambrissé et décoré de médaillons et de tableaux à l'huile dont les sujets sont pour la plupart empruntés à la vénerie.

Mais la pièce qui mérite toute l'attention est le salon, sans contredit. Jamais rien de plus gracieux, de plus varié, de plus original ne frappa ma vue. Le plafond orné de mille fleurs, d'arabesques capricieuses conserve toute sa fraîcheur ; l'œil se perd à suivre les sinuosités, les plis et les replis de ce délire de l'imagination ; des culs de lampe dorés semblent autant de soleils dans la voûte. Cinq grands tableaux rappellent les principaux épisodes du roman de Michel Cervantès. Don Quichotte et son sentencieux écuyer y sont peints dans les costumes du temps. Ces riants souvenirs font bien, dans cette salle un peu sombre, et distraient agréablement l'esprit. Du reste, vous vous croiriez facilement transporté au règne de Louis XV ; les meubles, les siéges sont de cette époque, et les fauteuils rappellent Boucher et Vanloo par les chasses à courre et les dessins bucoliques dont ils sont chargés.

Un corridor nous conduit à la chambre à coucher du maréchal d'Effiat. Cette chambre, religieusement conservée, semble habitée encore. A chaque instant je croyais entendre derrière moi les pas du noble seigneur. C'est là, sur ce lit aux riches tentures de velours et de soie cramoisis, aux torsades d'argent, que reposait le sénéchal de Bourbonnais et d'Auvergne ; le dais qui le surmonte est d'une grande richesse, les marabouts sont encore frais sur les colonnettes. Le plafond rappelle celui que nous avons déjà vu au salon, mais les tapisseries ont des chasses merveilleuses avec pages, varlets, destriers et housses d'or ; faucons et chiens courants, chasseurs et chasseresses sont d'une animation, d'une actualité dévorantes. On est heureux d'être venu, et je regrettais de ne pouvoir y lire un instant les mémoires de Pontis, de Montrésor et de Bassompierre.

La salle du trésor, la salle des gardes et la chambre dite des Evêques terminèrent notre visite. C'est partout le même style, la même profusion de scènes pastorales ou chevaleresques.

Le jardin rappelle Lenôtre et Laquintinie ; il est raide, uniforme, sans surprise et sans variété.

Il nous restait à connaître la partie historique de ce château, et notre cicérone nous satisfit en ces termes :

Le château d'Effiat remonte à l'époque féodale et, en 1557, il était la propriété de Gilbert Coiffier, général des finances et trésorier d'Henri II. Ses descendants furent assez obscurs jusqu'à Antoine Coiffier qui fut élevé à la cour d'Henri IV ; ce monarque dont il était page, commença sa grandeur ; Louis XIII en fit son écuyer, et le cardinal de Richelieu qui avait deviné tout ce qu'il y avait d'intelligence dans ce jeune homme l'envoya négocier, en Angleterre, le mariage d'Henriette de France avec Charles Ier. Le succès de sa mission fut récompensé par les plus belles charges du royaume. Le 1er janvier 1631 il fut fait maréchal de France et devint successivement gouverneur de l'Auvergne, du Bourbonnais, du Nivernais par intérim ; puis enfin il fut créé chevalier de l'ordre du Saint-Esprit, grand-maître d'artillerie et conseiller d'honneur au parlement. Il avait pour son château d'Effiat une grande prédilection et avait résolu, dit-on, de faire passer l'Allier sous ses murs. C'était un projet digne de Sémiramis. La mort en empêcha l'exécution. Il périt à Litzelstein au moment où il conduisait une armée au secours de l'électeur de Trèves. C'était dans cette année fatale, 1632, où Richelieu frappait ses grands coups dans la noblesse, où le maréchal de Marillac fut décapité, où Montmorency, gouverneur de Languedoc, était condamné à mort par le parlement de Toulouse.

Le maréchal d'Effiat laissait trois fils. Le premier, si connu sous le nom de Cinq-Mars, hérita de tout le crédit de son père. Le cardinal-ministre lui avait assuré sa protection et Cinq-Mars était en mesure de parvenir à tout, lorsque, séduit par les charmes de la fameuse Marion Delorme, il l'épousa secrètement. Richelieu qui lui réservait une des premières héritières du royaume lui voua dès-lors une haine implacable. Cinq-Mars se jeta dans les conspirations et le malheureux traité avec l'Espagne, qui fut fait à son insu et livré par Gaston frère du roi, conduisit à une mort ignominieuse le grand écuyer de Louis XIII.

On raconte aussi que Cinq-Mars qui, malgré son élévation, n'était qu'un simple gentilhomme avait, comme Lauzun le fit plus tard, élevé ses prétentions jusqu'à une princesse du sang royal. Cet amour, était partagé, puisque Marie de Gonzague fut obligée de prier la duchesse d'Aiguillon, nièce de Richelieu, de lui faire redonner ses lettres après la catastrophe. Du reste, Cinq-Mars marcha à la mort avec une tranquillité superbe ; rien ne parut sur son visage ; il prit ses habits de fête le jour de son supplice qui eut lieu le 22 septembre 1642, à Lyon.

Tous les conjurés, dit Mme Motteville, furent d'un étrange aveuglement, particulièrement Cinq-Mars, Chavigny s'échappa. « Monsieur, lui dit Fontrailles, vous êtes de belle taille ; quand vous seriez plus petit de toute la tête vous ne laisseriez pas d'être fort grand ; pour moi qui suis déjà fort petit on ne pourrait rien m'ôter sans me faire la plus vilaine taille du monde. »

Cinq-Mars ne partit pas et mourut.

Le second des fils du maréchal se rendit célèbre par ses aventures galantes avec Mlle de l'Enclos.

Le troisième, marquis d'Effiat, eut un fils en qui s'éteignit cette famille.

La petite ville d'Effiat n'offrit rien à notre curiosité. Elle eut autrefois une académie et un collège confié à des prêtres oratoriens par le maréchal. Ce collège devint ensuite une école militaire qui finit par s'éteindre. De tous les établissements qu'y avait fondés le vieux seigneur, il ne reste plus qu'un hospice, asile ouvert à toutes les misères.

Comme le comte achevait son récit nous nous aperçùmes que le jonr déclinait sensiblement. L'ombre gagnait la cîme des grands arbres et nous nous empressâmes de retourner à Vichy d'où je vous écris ces mots.

Anna de Loisy.

VIII.

L'ARDOISIÈRE, LES GRIVATS,

le Mont-Pérou, le Goure Saillant, la Madeleine.

Vichy, le 1er août.

Que je vous remercie d'abord et que je vous embrasse mille fois pour l'aimable reproche que vous me faites. Vous m'accusez de ne pas vous parler assez de nous. Mais, ma bonne tante, notre santé est excellente et le bulletin en serait toujours le même. L'histoire de nos promenades est celle de nos journées entières. Sauf les verres d'eau obligés nous ne faisons guère autre chose. Aujourd'hui encore nous venons de l'ardoisière.

Quitter Vichy sur les onze heures du matin, au moment où le Parc se fait solitaire, où chacun se cherche lui-même et se recueille, suivre l'ombreuse allée de Mesdames, précieux souvenir d'autrefois, s'en aller, comme dit la chanson, tout le long de la rivière avec des compagnons de route dont le caquetage spirituel, se mêlant au clapotement des eaux, fait moins lourd le poids de la chaleur, traverser Cusset pénétrer enfin dans les Grivats et l'Ardoisière, pastiche des vallons alpestres ou pyrénéens est une recette dont j'ai reconnu l'efficacité et que je regarde comme une puissante diversion du lymphatique régime de Vichy. Même pour les touristes qui ont contemplé les grandes scènes de la nature et confié à leur album les plus charmants paysages, la vallée des Grivats ne sera pas sans attraits. La route côtoie le Sichon qui se fraie un passage au milieu de rochers immenses que la hardiesse de l'homme a taillés à pic et dressés comme de gigantesques spectateurs de l'animation de la vallée. Quoi de plus pittoresque, en effet, que le versant de la rive gauche ! tandis que le bruit de votre calèche va frapper à tous les échos, voyez suspendus au milieu des genêts une chèvre bêlante, quelque taureau dont les rares mugissements ébranlent la profondeur des bois, tandis que sur l'anfractuosité d'une roche la paysanne Bourbonnaise chantonne avec l'indifférence de sa race quelque refrain naïf et sans âme. Puis, à des heures données, sur la crête dorée de la montagne de jeunes filles en droguet et quelques loustics du Vernet s'acheminent vers la fabrique des Grivats, leur nourrice commune, jettant dans les airs leurs frais éclats de rire et leur laborieuse gaité. Ici un moulin se dérobe sous un massif de verdure et ne se trahit que par son tic-tac éternel. Là, adossée à la colline, une maison neuve avec son enseigne de houx vous avertit que vous êtes toujours de ce monde et que, partout où il y a des hommes, le vice établit une tente.

Mais, pourquoi ne vous dirai-je pas une de ces légendes que, le soir aux veillées, lorsque les tilles du chanvre tombent sous des mains agiles, l'aïeule répète aux villageois tremblants et pressés autour d'elle. Notre conducteur nous a fait remarquer, sur la rive droite du Sichon, un rocher qui se détache hardiment de la montagne en formant un cône tronqué. Il y a quelques années on mettait pied à terre devant *le Saut de la chèvre* et pas un buveur d'eau bien appris n'eût manqué de s'enquérir de ce roc solitaire qui, par son avancement sur la route, sollicitait la curiosité du passant. Aujourd'hui il a perdu sa gloire : sa pyramide ne se dresse plus orgueilleuse comme un dolmen du Loc-Mariaker, et la tradition seule lui conserve son antique renommée.

C'est *le Saut de la chèvre*, un drame tout palpitant d'intérêt dont un loup vorace et une chèvre naïve sont les importants héros.

Voici la légende de M. de Salles :

Il y a longtemps, bien longtemps de cela ; c'était en hiver et le froid était rude, et le ruisseau semblait immobile sous un suaire de glace ; les neiges amoncelées rendaient impraticable le sentier de la ville. Il y eût cette année-là de grandes souffrances dans les chaumières.

Sur la rive droite du Sichon, une pauvre femme vivait avec sa chèvre, sa seule richesse et sa seule compagne ; elle se nourrissait de son lait et s'ébaudissait de ses caresses ; c'était sa mère et sa fille en même temps et, n'eut été le pauvre animal, qui eut voulu parler à la mère Gilberte ? Ne sait-on pas qu'elle donne des sorts et entretient avec les *fades* un commerce peu chrétien. Certes elle eut pu mourir dix fois dans sa cabane avant que ses crédules voisines se fussent décidées à venir à son aide.

Or, un jour, elles étaient allées toutes les deux aux champs ; pourtant le ciel était gris, la neige tombait à flocons serrés et le vent courbait les arbres avec ce sifflement particulier qui fait rêver de lugubres histoires. Hélas ! la pauvre femme n'avait pu attendre un vent plus chaud ni un plus brillant soleil. La crèche de sa chèvre était vide, toutes les provisions consommées et, comme leurs existences étaient unies, il avait bien fallu braver les menaces de l'onde et la rigueur du temps. Pendant qu'accroupie elle grelottait sous sa cape et suivait de l'œil sa chèvre qui s'en allait broutant les pointes du cytise noir et étiolé sur la terre blanchie, elle la vit s'arrêter tout à coup, dresser ses oreilles velues, écouter dans le lointain quelque sinistre bruit, puis prendre sa course, bondir sur la plate-forme du roc... Derrière elle un loup monstrueux hurle, court, se précipite et tombe... la victime et l'agresseur ont disparu tour à tour.

Gilberte, l'âme pleine d'angoisses, regagna sa demeure. Quelle ne fut pas sa joie en y retrouvant sa compagne chérie doucement couchée près de l'âtre vide. La Providence les avait sauvées toutes deux et le ravisseur était mort dans sa chute.

La superstition des campagnes a naturellement ajouté une vertu au saut de la Chèvre. Lorsque deux porte-sabots des environs ont résolu de s'unir, ils font un pélérinage au rocher; on se munit de trois pierres cueillies sur les bords du Sichon, choisies aussi plates que possible; puis se plaçant à une distance convenue, la pudique dulcinée les jette une à une sur l'étroit plateau du *Saut de la chèvre*. Le nombre des cailloux qui y reste fait juger de la probabilité de l'hymen. Souvent à la fin de l'année le mariage est de rigueur quelle qu'ait été d'ailleurs la prédiction de l'oracle.

Ces superstitieuses croyances perdent grandement de leur empire depuis que de philantropiques actionnaires ont assis dans cette gorge une filature de coton. Il y a moins de poésie, mais il y a plus de bien être pour les classes qui travaillent, c'est une désirable compensation. Partout où l'on aperçoit une de ces énormes cheminées à gaz se dresser sifflante et sévère, on peut constater un progrès. Là les mœurs s'adoucissent, les chaumières sont plus propres, les routes mieux entretenues. Cette usine n'est pas cependant d'une grande importance, depuis qu'elle se borne à filer du coton au lieu de l'ourdir comme elle le faisait autrefois.

Ainsi devisant et côtoyant le ruisseau moitié sous de frais ombrages, moitié sous la réverbération d'un soleil concentré arrivâmes-nous au Gour-Saillant. Nous laissâmes là nos montures et nous dûmes conquérir le spectacle que nous étions venus chercher de si loin.

Vous ne sauriez, ma tante, vous faire une idée de cette nature sauvage à quelques pas des plaines fertiles de la basse Limagne ; je ne puis vous offrir aucune comparaison ; rien dans nos contrées ne donne un échantillon de ce pays accidenté. Il y règne un silence absolu dans lequel on entend tantôt le lézard au gris corsage frémissant dans les feuilles desséchées, tantôt l'oiseau solitaire qui jette à la brise ses notes aigues, et dans le lointain un mugissement solennel, voix majestueuse du désert ; puis dans le clair-obscur de la forêt une écume blanchâtre, diaprée de temps à autre aux rayons du soleil nous apparaît. C'est le Niagara, la chute du Rhin de ces contrées, c'est le Gour-Saillant, une miniature de cascade dont l'indigène est très fier parce qu'il faut bien en ce monde être fier de quelque chose. Demandez au paysan des environs, qu'on lui parle du Gour-Saillant, il se redresse comme un hildago de Castille quand on lui vante l'antiquité de sa race, comme un gentleman français dont les membres du Jokey-Club admirent le cheval vainqueur et n'est surpris, en aucune façon, que vous soyez venu de Paris, de Londres, de Saint-Pétersbourg ou de Pékin en Chine pour admirer son gouffre. A tout prendre les méandres de ce ruisseau aux ondes si pures et si vives méritent d'être visités dans un jour de désœuvrement, d'autant plus qu'à deux pas est l'Ardoisière.

L'Ardoisière est une carrière schisteuse, aujourd'hui abandonnée, mais dont les traces d'exploitation se retrouvent partout. Elle s'appuie d'un côté sur une colline dont une masure portant fort mal le nom de château du Pérou couronne le sommet. Ce château appartint, dit-on, à l'ordre des Templiers ; les environs sont couverts de basaltes et les pierres volcaniques y rappellent l'époque des grands bouleversements de la nature.

L'ardoisière se prolonge de l'autre côté par une pente insensible jusqu'au bord du Sichon, qui, moqueur et hâtif, court sous un berceau de verdure. C'est une clairière toute de gazon, une halte vraiment royale pour les intrépides chasseurs d'alentour. Pour moi je m'attendais à voir apparaître sur le fond du tableau quelque guérillas, le sombrero sur l'œil, le stylet au poing. Un bandit corse ou calabrais me semblait le complément de cette nature sauvage.

— Il ne viendra donc rien du maquis, dis-je en souriant à Alfred.

Monsieur de Salles nous regarda d'un air si malicieux que je ne pus m'empêcher de lui dire :

— Allons, M. le comte, une petite histoire de voleurs pour complément de notre promenade.

— Le Bourbonnais est aussi froid pour le mal que peu ardent pour le bien ; c'est la plupart du temps un mollusque qui se laisse vivre. Donc je ne sais aucun conte sanglant à ces lieux quoique je doive convenir avec vous que ce serait un merveilleux cadre à un assassinat. Cependant..

Comme il y avait un cependant nous nous serrâmes autour de lui et prenant place sur le vert gazon nous en attendîmes la suite.

— Voyez-vous, nous dit-il, ce cottage simple mais coquet où la spéculation a fixé son séjour, où cette Hébée aux grosses joues verse à des prix peu modérés la bière mousseuse et l'âcre limonade ? Pour se fixer en un pareil endroit, il faut être commerçant, anachorète ou voleur, trois professions qu'avait réunies frère Jean de moderne mémoire. Ne prenez pas ceci pour une fiction. Il y a trente ans à peine qu'il vivait en chair et en os. Notre génération l'a connu et le greffe du tribunal de Cusset garde sur son compte de précieux documents. C'était un grand gaillard assez maigre pour un ermite qui un jour, las de la terre, vint se livrer dans ces parages à la vie contemplative. Il se bâtit une chaumière modeste comme il convenait à un pauvre pécheur comme lui, et se livra dans la solitude aux exercices d'un saint ascétisme. Pourtant, quelque pécheur et quelque pénitent que l'on soit, il faut vivre. Les jeûnes épuisent à la longue et le suicide est un grand crime aux yeux de Dieu. Pénétré de cette vérité salutaire, frère Jean s'en alla de chaumière en château, de village en canton tendant la main et priant. A voir le saint homme, sous sa longue robe blanche avec son capuchon sur ses yeux rabattu, sans doute pour éviter toute pensée de luxure, à le voir égrenant son long rosaire, qui ne se serait attendri ? Aussi le froment et le seigle, le beurre et les œufs tombaient dans sa besace. Il n'était pas ingrat ; en échange, il adressait pour vous au ciel de ferventes prières, se mêlait un peu de sorcellerie et recevait, pour votre plus grand honneur et son plus grand avantage, les révélations d'en haut, large compensation à vos chétives aumônes.

Petit à petit l'oiseau fait son nid, dit le proverbe, et le nid de frère Jean grossissait que c'était un charme. Déjà sa renommée bien établie attirait à l'ermitage de vieilles femmes bavardes et d'accortes jeunes filles quand la vertu du saint s'ébranla. Nous sommes tous faibles et pécheurs ! Frère Jean ne pécha pas seul, et au crime d'incontinence joignit celui de vol qualifié. Las! tout cet échafaudage dévotieux s'écroula dans un instant et si ses jambes n'eussent été plus efficaces que ses oraisons, il fut allé mourir au bagne. Jean était un forçat libéré. Oncques on ne le revit ; mais il se dit tout bas dans la contrée que souvent à minuit son ombre visite le théâtre de ses macérations. Je n'ai pas à ce sujet de renseignements plus authentiques que l'assertion d'une excellente femme, une des plus fermes croyantes de la congrégation.

Les ruines de la cellule ont disparu depuis six ans à peine et, comme la maison de saint Paul à Damas, ont fait place à un café.

Le soleil baissait derrière le côteau ; il était temps de songer au retour puisqu'aucun de nous ne voulait attendre l'heure de minuit pour s'assurer de la véracité de M. de Salles. Nous visitâmes, un flambeau à la main, le souterrain profond qu'ont creusé dans la montagne les travaux de l'Ardoisière et après avoir, suivant l'usage immémorial, laissé tomber une pierre dans le puits qui le termine, nous descendîmes au Gour-Saillant. Notre halte fut courte. L'eau resserrée entre deux rochers s'est creusé un lit assez profond, quelques basaltes amoncelés m'ont paru former cette jolie cascade qui doit à ses environs plus qu'à elle-même.

Nous repartîmes bientôt et notre cicérone qui ne laisse rien passer nous fit entrevoir une petite chapelle qui se dresse sur la crête d'une montagne sous le vocable de sainte Madeleine. Elle n'a rien, nous assura-t-il, de remarquable que l'état de dégradation où on l'a laissée et la pensée qui l'a élevée. Là se font quelques pélérinages si parfois le ciel inclément frappe la terre de stérilité. Mais avec la pluie qui tombe la dévotion se noie et la chapelle est vouée à l'oubli.

Ce fut une journée bien remplie pour nous que celle-là. Depuis quelques jours on avait projeté et organisé un bal. Ceux du salon ne sauraient suffire à des malades. Vous diriez que Vichy est la patrie des tarentules et peu de personnes ont jusqu'à ce jour évité leur piqûre. Nous eûmes donc ce soir là une fête dansante à domicile. Ces réunions particulières n'ont pas, vous le pensez bien, le brillant des bals de Strauss, l'orchestre ne peut entrer en comparaison avec les magiques exécutants de la Rotonde. Mais les musiciens sont supportables ; il y a plus de liberté, plus de laissé-aller et l'*on danse plus tard*, quelle compensation! Aussi ces diversions sont fréquentes ; les commensaux de l'hôtel invitent souvent à charge de revanche et les soirées des eaux ne sont ici qu'une incessante polka qui commence le 15 mai pour finir au mois de septembre. J'ai fait comme les autres, ma bonne tante ; je me suis déboudée et pour aujourd'hui j'ai dansé jusqu'à deux heures du matin. Ne vous en alarmez pas, je me porte à merveille et mon mari ne m'a pas grondée.

Anna de Loisy.

IX.

BUSSET.

Vichy, 4 août.

De tous les châteaux qui ont reçu notre visite aucun ne garde, comme celui de Busset, le caractère d'une haute féodalité. A le voir fièrement campé sur sa montagne comme l'aire d'un vautour, on songe involontairement aux sombres récits du moyen-âge et une mystérieuse terreur vient sourdre au fond de l'âme. Oh! qu'ils sont loin de nous cependant, et vous le savez mieux que personne, madame, ces temps de barbare oppression. Un château n'est-il pas aujourd'hui la Providence des campagnes, le pain des mauvais jours, le remède dans la maladie, le bois qui pétille au foyer durant les froides soirées de l'hiver? N'est-ce pas la main qui essuie les larmes, la voix qui préserve du désespoir, Dieu fait homme pour consoler et pour soulager?

Ici la charité des châtelains éclate à chaque pas, dans l'air joyeux du laboureur qui conduit gaîment la charrue et sur le visage rose de l'enfant, ouvrant sur votre passage de grands yeux étonnés. Je ne puis vous raconter, ma tante, quelque bonheur que donnât mon récit, tout ce que j'ai entendu dire de l'inépuisable bienfaisance de M. le comte François de Bourbon, propriétaire du château de Busset. Qu'il vous suffise de savoir que toute misère a disparu autour de lui et que trouvant pour sa charité son pays trop étroit, il l'étend à tout ce qui souffre de quelque côté que la plainte lui arrive.

Et ce ne sont pas là, madame, ses seuls mérites : une foi chevaleresque, un ardent amour de son pays qui ne se démentit jamais, une gloire militaire conquise à la pointe de l'épée, ce grade de général obtenu dans un temps où son nom seul semblait un obstacle, une grandeur d'âme qu'il fit éclater surtout, comme saint Louis, dans l'obscurité des prisons étrangères; telles sont les qualités qui, dans un certain monde, entourent cette tête auguste du respect universel.

Ses nobles fils, formés sur de pareils exemples et jaloux d'imiter leur père, perpétueront ses vertus. Tous deux savent depuis leur enfance le chemin de l'honneur et de la chaumière, et si on les trouve partout où il y a un péril, on est sûr de les rencontrer à côté de toute douleur.

Les comtes de Bourbon-Busset descendent en ligne directe de Louis de Bourbon, fils de Charles Ier et frère de Jean II que Louis XI, dont il avait épousé la sœur, fit lieutenant-général des provinces du centre. Robert, fils de saint Louis et Béatrix de Bourgogne, héritière du Bourbonnais sont la tige de cette maison. Louis fut nommé malgré lui à l'évêché de Liége; mais il se maria à la veuve du duc de Gueldres, dont Charles-le-Téméraire s'était adjugé l'héritage. Il mourut en 1469 tué, dit-on, par le féroce Guillaume de la Mark, le sanglier des Ardennes. Ce ne fut qu'en 1618 que Louis XIII reconnut la légitimité de son mariage et de ses descendants. Ses lettres patentes enregistrées cette année par le parlement leur attribuèrent le titre de cousins du roi. Parmi les personnages célèbres de cette famille, nommons Philippe de Bourbon, gouverneur de Carlat et de Murat, mort à Saint-Quentin, qu'assiégeait Philippe II et sa femme Marie, reine d'Angleterre en 1557; Claude de Bourbon, gouverneur du Limousin et Louis de Bourbon, lieutenant-général d'artillerie mort au siége de Fribourg en 1677.

Ce fut par le mariage de Marguerite d'Allègre avec Pierre de Bourbon que Busset passa dans cette famille où il est resté jusqu'à ce jour. Il fut primitivement la propriété de la maison de Vichy.

Tandis que M. de Salles nous donnait ces renseignements nous arrivâmes à la porte d'entrée, porte sombre et lézardée que surmonte une énorme tour tapissée de lierre et de lichen. Dans la première cour sont les communs du château ; elle est séparée de la seconde par une longue grille ouvragée à la moderne qui a deux entrées sur la cour d'honneur.

Devant nous s'élève une magnifique façade gothique, œuvre des dernières années à qui il ne manque d'ailleurs que le *brunissage* d'un siècle tant l'architecte a su y reproduire le style des temps passés. Un riche balcon dentelé court au premier étage. A gauche un deuxième corps de bâtiment terminé par une charmante petite chapelle en pierres de volvic ; l'art moderne s'est efforcé partout d'atteindre à l'antique pour harmoniser toutes les dépendances du vieux manoir et les détails étonnent l'artiste plus encore que l'ensemble ne frappe le visiteur.

Trois tours se dressent dans les airs comme autant de sentinelles avancées qui veillent sur l'horizon ; la tour de Riom est célèbre par l'admirable perspective qu'elle domine et qui se reproduit de la terrasse. Admirable en effet ; car je ne lui connais de rivale que la côte Saint-Amand. L'Allier et la Dore coulent au pied de la montagne et les mille replis qu'ils forment engendrent de verdoyants îlots des presqu'îles touffues, des isthmes de fleurs qui séduisent l'œil et l'enchaînent. Vous vous arrachez à regret à ce spectacle, à cette mosaïque végétale de blés jaunissants et de verts gazons. Voici les bois de Randan agitant leurs panaches majestueux et sombres au souffle de la brise et au souffle de l'aquilon ; puis, derrière eux, des collines chargées de fruits et dominées par la tête chenue de l'antique Puy-de-Dôme. Châteldon, Ris, Moulins, Clermont vous apparaissent comme des points noirs, comme de grisâtres vapeurs tranchant sur l'atmosphère bleue.

Le cœur s'élève et grandit dans ces admirables scènes de la nature et malgré moi je sens un hymne muet qui s'échappe de mon âme pour aller à Dieu.

Nous avons visité l'intérieur du château ; l'antiquaire admire les larges dalles de l'escalier, Alfred pose dans la cuisine devant les sculptures de la cheminée. Moi, j'admire un luxe princier dont la richesse et le bon goût ont fait la distribution.

Anna de Loisy.

X.

LA MONTAGNE VERTE, ST-GERMAIN, BILLY, CHARMEIL.

Vichy, 5 août.

Nous ne voulions rien laisser d'inexploré ; aussi avons-nous fait aujourd'hui à cheval une course au clocher folle et vagabonde à travers un pays charmant mais pauvre de souvenirs. Nous nous sommes arrêtés un instant à la Montagne-Verte qui n'a d'autres mérites à mes yeux qu'une charmante perspective, et, nous enfonçant dans une forêt de vignobles et d'arbres fruitiers, nous gagnons Saint-Germain-les-Fossés. En pieux pèlerins que nous sommes, nous avons d'abord visité l'église, monument religieux du Bourbonnais qui en compte bien d'autres. C'est un édifice du XIe siècle dont le prieuré relevait de la riche abbaye de Moissac. Du reste son architecture n'arrêta pas un instant notre attention, nos coursiers piaffaient et

nous étions, je ne sais pourquoi, aussi impatients
qu'eux ; nous avions l'air d'accomplir un devoir.

Saint-Germain du reste est un amas de ruines et de
constructions nouvelles. Ce village qui dormait autrefois sans rêves a senti tout à coup son sommeil interrompu par l'industrie, et voilà qu'il va devenir un
des points les plus importants du département de
l'Allier. Dieu seul sait où s'arrêtera cette ambition
du lendemain !

Historiquement Saint-Germain eut quelque importance dans les guerres de religion, le passage de
l'Allier ayant été disputé plusieurs fois avec un achar-
nement digne d'une meilleure cause. Charles IX,
âgé de seize ans, y coucha en se rendant à Vichy,
six ans avant le massacre qui devait jeter tant de re-
mords dans son sommeil.

Saint-Germain a perdu ses fossés, ses portes et ses
murailles; il est devenu le point de départ de
l'embranchement de nos routes ferrées de Clermont
et de Roanne, mais l'œuvre de la nature y reste inépuisable et la fertilité de ses champs le console de
stériles souvenirs.

Billy est à trois quarts de lieue de Saint-Germain.
M. de Salles nous ayant dit que nous avions vu de
la route tout ce qui mérite d'être vu, sauf quelques
oubliettes, nous renonçâmes à cette visite ; Billy fut
cependant considérable en son temps. C'était une des

plus puissantes des dix-neuf châtellenies du Bourbonnais.

Nous traversâmes l'Allier, puis, laissant sur notre droite une jolie villa toute souriante au milieu des massifs qui l'entourent, nous reprîmes le chemin de Vichy. Cette villa porte le nom un peu ambitieux de château de Charmeil ; mais c'est une des plus jolies maisons de campagne qu'il soit donné de voir. Madame la marquise d'Evry en est propriétaire. On vante sa gracieuseté et sa bienfaisance sans bornes. Adieu, ma tante ; le lieu dont nous parlons est déjà loin de moi et le moment approche où votre nièce bien-aimée reviendra vous conter elle-même toutes ses impressions. J'ai de quoi défrayer deux hivers.

Anna DE LOISY.

XI.

LA COTE SAINT-AMAND.

Vichy, le 7 août

Je m'étais extasiée et à Randan et à Maumont et aussi à Busset en face d'une nature grandiose, de magnifiques perspectives qui m'avaient paru le *nec plus ultrà* des beaux sites du monde, et à chaque élan de mon enthousiasme M. de Salles et quelques habitués de Vichy avaient souri et m'avaient répondu : il faut voir la côte St-Amand.

Ce n'est pas un voyage, mais une promenade puisque cette merveille est située à quatre kilomètres à peine de Vichy. Nous sommes donc montés ce soir en voiture découverte pour aller jouir, au coucher du soleil, de ce spectacle enchanteur. Si j'eusse voulu croire ces messieurs, nous serions allés y admirer le lever de cet astre qui a l'inconvenance de se montrer sur l'horizon à des heures indues pour le monde parisien. Ma paresse s'accommodant mieux de la soirée, ils ont cédé à ma première observation et, ce dont je leur sais un gré infini, ne m'ont pas forcée à leur avouer le motif de mon choix.

La route qui conduit à la côte Saint-Amand est une grande route ; elle n'a rien de pittoresque mais elle se fait jour à travers un pays charmant dominant l'Allier à sa droite et serpentant à sa gauche le long des plus fertiles collines que je ne puis comparer qu'à celles de Billy et de St-Germain. Nous sommes allés jusqu'au village d'Abrest où nous avons laissé nos voitures. Notre curiosité n'y a pas rencontré la moindre diversion. Nous gravissons enfin laborieusement le côteau malheureusement notre guide ne peut nous donner aucun indice historique, la nature a absorbé tous les souvenirs. Pourquoi ce côteau fertile porte-t-il le nom de Saint-Amand si vénéré dans le Berry et le Nivernais, je n'ai pu le savoir. Je m'attendais à trouver à la cîme les ruines de quelque chapelle qui justifiât cette appellation ; pas une pierre ne s'offrit à mes regards et, si jamais il y eût là quelque pieux édifice, la végétation l'a couvert depuis longtemps de ses jets vigoureux. Mais, en revanche, quel panorama se déroule devant nous ! Je le vois encore.

Le soleil se couchait dans un vaste linceul de pourpre ; un ciel d'azur où l'étoile du soir se levait solitaire formait le seul dôme digne de ce magnifique ho- horizon. Au versant de la colline, comme une mer doucement agitée par les brises des arbres en fleurs, des pampres dans tout le luxe de leur sève courbent et relèvent tour à tour leurs cîmes embaumées. Plus loin l'Allier, ceinture immense, embrasse tour à tour les grèves infécondes et les riches moissons; tantôt il se dérobe timide derrière des touffes d'aulnes et de peupliers, tantôt, déployant la majesté de son cours, il semble ne quitter qu'à regret ces heureuses campagnes. Deux villages, Abrest et Hauterive, placés en face l'un de l'autre se mirent dans ses eaux. Sur la rive gauche toute l'animation de la vie champêtre. Au faite des maisons la fumée tremble, ça et là les troupeaux mugissants regagnent leurs étables et d'immenses chars de foin, suivis de faneuses hâlées, crient dans les sentiers profonds. Au lointain s'élève un amphithéâtre de vertes forêts et de riches côteaux. C'est la limagne d'Auvergne où cent clochers perdent leurs flèches aigues dans les premières vapeurs du soir et pour dominer cette scène le mont Dore, le Cantal, le Puy-de-Dôme qui semblent les dieux termes de ce vaste horizon.

A gauche le spectacle change : ce sont les montagnes de Thiers au front chenu ou hérissé de noirs sapins, c'est le Montoncel le géant du Forez, dont les vives arêtes se dessinent dans la brume et enfin d'innombrables mamelons dont les sommets ressemblent assez aux sombres vagues du pont Euxin.

A droite, audessous de ces cônes volcaniques, la

vue plonge dans le bassin de Vichy et s'égare au rideau verdoyant d'innombrables peupliers. Puis, au dernier plan, l'œil se repose sur les riches vignobles des Creuziers et le magnifique littoral du fleuve.

J'étais restée confondue devant ce magique tableau, j'en avais salué tous les détails, lorsque l'embrassant de nouveau tout entier je le vis si grand et je me sentis si petite que je m'inclinai devant Dieu et une larme trembla à ma paupière.

Je n'ai pu me mêler à la gaîté de mes compagnons de route, il me tardait d'être seule pour prier et pour vous écrire. C'était, madame, décharger doucement mon âme du poids de son admiration.

Anna de Loisy.

XII

STRAUSS.

Vichy, 15 août.

Décrire Vichy et ne rien dire de Strauss serait, madame la comtesse, un crime de lèse-harmonie que je ne me pardonnerais pas et que moins encore excuserait sans doute la société qui m'environne. Strauss est dans toutes les pensées si intimement lié à Vichy que nous ne saurions les isoler l'un de l'autre. Otez l'habile directeur des salons, vous aurez une ville sans âme, une ville marchande où l'on trafiquera de la santé, une grande table d'hôte où les spasmes nerveux et les douleurs rhumatismales seront les insipides sujets d'une conversation languissante. Il ne suffit pas d'un ciel bleu et de gazons verdoyants pour défrayer une villegiature. Nous avons beau aller aux champs entendre, il y en a si peu qui écoutent, le gloussement de l'alouette dans les sillons ou le gazouillement du rossignol dans les rameaux. Tout cela ne saurait nous suffire. Souvent une brise secrète apporte à notre oreille les dernières cadences d'un bal ou les phrases éparses des harmonies de l'hiver et alors on se prend à songer et malgré soi l'on soupire un regret. L'ennui est l'implacable ennemi de la santé ; Strauss s'est engagé à le combattre.

Merveilleux est le succès ; il va répandant autour de lui je ne sais quel philtre harmonieux qui endort toutes les douleurs et double l'animation de la vie. Il sait si bien ordonner ses fêtes, elles se succèdent si variées, si rapides! Jamais un concert ne ressemble à un autre, jamais un bal à celui qui l'a précédé. Aujourd'hui une romance de Bérat ou de Loïsa Pujet a vivement remué toutes les fibres de votre cœur; demain sans doute une création de Grassot ou de Levassor excitera en vous une désopilante gaîté. Tantôt il réunit dans un concert quelques-unes de ces gloires aimées, émigrées pour un temps du ciel parisien, tantôt il nous entraîne dans les tourbillons de sa valse et de sa polka, qui sont bien siennes ; car est-il donné à un autre archet de leur imprimer tant de gracieux entrain et de joyeux abandon? Aussi n'a-t-on jamais à Vichy de ces soirées inoccupées, si lourdes au cœur et qui font tristement compter les heures de l'absence. Une chaîne de fleurs lie le jour à la nuit.

Mais il ne faut pas considérer seulement Strauss comme un grand génie musical ; c'est encore un noble cœur s'ouvrant à toutes les misères et laissant tomber sur elles l'aumône de son talent. Sans parler du concert annuel qu'il donne au profit des pauvres, que de fois la charité n'a-t-elle pas présidé son orchestre ! Une fois ce sont de pauvres incendiés dont il relève les demeures, comme Amphion, au son de la musique ; plus tard c'est pour un hospice qu'il convoque à un festival de jour le ban et l'arrière ban de ses admirateurs, et dans le plat d'argent tombent les pièces d'or et le bruit de la fête couvre les cris de la douleur. On n'applaudit pas de semblables talents : les uns les aiment, les autres les bénissent.

M. de Salles a connu Vichy avant que Strauss l'eut touché de sa baguette féerique. C'était, dit-il, de grands hôtels qui ressemblaient à de grands hôpitaux. Le Parc étendait vainement son berceau de verdure. A peine voyait-on passer de temps à autre des ombres frileuses, malades au teint hâve qui se traînaient péniblement dans les allées solitaires, enfermés dans un triple manteau. A la moindre variation de l'atmosphère tout devenait désert : on rentrait chez soi, on se calfeutrait dans son intérieur, vous eussiez dit une vaste nécropole. Quelques orgues de barbarie, quelques musiciens nomades en troublaient parfois le silence ; comme ces troupes de canards sauvages qui jettent leurs cris aigus sous un ciel inclément.

Quel constraste, ma tante, avec cette longue fête qu'on appelle ici la saison des eaux !

Ce fut en 1843 que Strauss, se rendant en Savoie, rencontra M. Cunin-Gridaine à Vichy. Le ministre, séduit par un site enchanteur, par le nombre et l'efficacité des sources avait résolu de commencer pour ces thermes une ère de prospérité. Y attacher l'artiste aimé de la fashion parisienne n'était-ce pas y fixer le séjour de la mode ? L'année suivante Stranss avait accepté la direction des salons de l'Etablissement. Ce fut une véritable métamorphose ; le nombre des malades doubla, car il fut de bon ton d'être malade. Bientôt les plus illustres personnages s'y donnèrent rendez-vous. De toutes les parties du monde on vit accourir de grands noms et de grandes fortunes. Les salons ne suffisaient plus, on les augmenta ; ils furent trop étroits encore, on construisit cette magnifique Rotonde dont les soirées rappellent toutes les merveilles de l'Opéra. C'est là que règne notre artiste entouré d'un auditoire enthousiaste qu'il voit croître chaque année. Le nombre des buveurs d'eau qui n'était d'abord que de quinze cents, deux mille personnes atteint aujourd'hui le chiffre fabuleux de douze mille et il y a telle soirée où l'on étouffe dans ces vastes salles, fort heureux, madame, quand on a le bonheur d'y être étouffé.

Anna DE Loisy.

FIN.

LARBAUD AINÉ,

RUE MONTARET, N°ˢ 1 ET 2.

A quelques pas de l'Hôpital militaire et fort près aussi de l'Etablissement thermal, on remarque une construction des plus pittoresques, modeste châlet égaré au milieu des somptueux établissements qui l'entourent. Par un charmant caprice du propriétaire et de la nature un acacia secoue toute une neige de fleurs sur le toit de cette maisonnette qu'il traverse à deux mètres du sol. C'est d'un effet charmant !

Cette rustique bonbonnière est le berceau du *Fameux Sucre d'Orge de Vichy*, dont nos jolies parisiennes font une si effrayante consommation. L'emplacement primitif était un tout petit jardin, vrai massif de verdure, dont les arbres sont tombés sous la hâche à l'exception de celui agite si coquettement ses blancs panaches à la brise du soir. Cette maison fut construite en 1840.

Il est bon que vous le sachiez, M. Larbaud aîné, inventeur du Fameux Sucre d'Orge de Vichy, en est aussi le seul propriétaire. Cette délicieuse composition présente les eaux de Vichy sous la forme la plus agréable et la plus douce. Il s'approprie parfaitement, comme nutritif, à la délicatesse des estomacs trop faibles encore pour supporter le Chocolat alcalin que fabrique aussi M. Larbaud avec les eaux minérales de Vichy. Vous ne sauriez croire quel succès ces productions obtinrent tout d'abord. Soumises à l'analyse des chimistes les plus distingués, les plus minutieux peut être, elles sortirent victorieusement de toutes les épreuves. Leur renommée devint universelle, les expéditions en furent nombreuses et lointaines, et le gouvernement octroya avec un brevet à l'inventeur le droit de se servir des eaux de Vichy dans la préparation du Sucre d'Orge. Comme vous le voyez il ne faut pas le confondre, je ne dirai pas avec ses rivaux, il n'en a pas, mais avec ceux de ses concurrents qui se servent du bi-carbonate de soude.

Quel dommage que le nivellement doive faire disparaître cette délicieuse bicoque. En 1854 M. Larbaud aura transporté ses magasins à l'angle de la rue Montaret, la rue Vivienne de Vichy. Une machine en occupera le centre et la fabrication se fera *coram populo*.

Le magasin de M. Larbaud aîné ressemble en tout point à ceux de Félix et Julien. Les patisseries les plus attrayantes s'offrent tout d'abord à vos regards; ses liqueurs sont délicieuses, ses vins excellents et l'on ne peut en sortir sans avoir fait provision de Sucre d'orge, de Chocolat alcalin, de Pastilles, pâtes d'abricots, toutes choses excellentes, et qu'en finissant nous conseillons à nos lecteurs.

JULES CÉSAR.

A l'angle de la rue Montaret, 1, se trouve le Cabinet de lecture de M. Jules César. Il se recommande par le bon choix des ouvrages, tous de nos écrivains les plus célèbres. Un arrangement pris avec les éditeurs lui permet de donner à ses abonnés plus de trente volumes de nouveautés par mois. Sa papeterie de luxe, ses articles de bureau pris dans les meilleures maisons de Paris, son dépôt de musique qui, avec les œuvres des grands maîtres, contient le Répertoire si brillant de Strauss, et son Salon de lecture où sont reçus les journaux français et étrangers sont dignes de la bienveillance que lui accorde la haute société de Vichy.

A LA PERLE DU BRÉSIL.

Visitez la *Perle du Brésil*, rue Montaret, vous y trouverez un délicieux assortiment de lingerie, de guipures d'une délicatesse extrême, de haute Valencienne, de nouveautés en tous genrees, bonnets de fantaisie, robes de bal brodées, rubans d'un goût exquis, dentelles noires d'une finesse inouïe et vous ne sortirez pas sans avoir fait un choix, soyez-en sûr.

Cusset, typographie de Th. Villard.

www.ingramcontent.com/pod-product-compliance
Lightning Source LLC
Chambersburg PA
CBHW070319100426
42743CB00011B/2480